歴史にこだわる社会学

HISTORICAL SOCIOLOGY

犬飼裕一
Yuichi Inukai

八千代出版

まえがき

歴史には面白い性質がある。それは歴史とは何かということ自体が歴史的に成り立っているということである。歴史の根拠は実は歴史。そして、このことが歴史をわかりやすくもすれば、難しくもしている。ある事件が歴史的だ、ある人物が歴史上の人物だと判断する根拠は、実は外部のどこかに存在するわけではない。多くの人々がそれが歴史だ、歴史的に重要だと考えると、それが歴史になる。

このため、国によっても、地域によっても、時代によっても歴史というのは違う。まるで生き物のように変わっていくのが歴史なのである。おそらくそれは人間の認識の根幹に関係しているのだろう。ただし、こんな考えは古くから常識だったわけではない。古くから人々は、どこか遠いところに歴史の神様みたいなのがいて、それが真実の歴史を司っていると考えるか、あるいは人間が生まれる以前から存在する法則みたいなものが歴史も操っていると考えてきた。ともかく人間は人間の手の届かないところに歴史を安置しておきたいと考えてきた。

ごくごく大雑把にいうと、一九世紀中頃あたりまではそんな考えが、時代を代表する歴史家や思想家の考えでもあった。それが次第に問い直されるようになり、一九世紀の末には社会学が生まれる。社会学が最初、歴史の問い直しとして出発したのは偶然ではない。多くの人々が当然のように歴史を根拠としていろいろなことをいうのだが、肝心の歴史は何物なのか？　そんな問いが社会学の出発点にあった。歴史社会学というのは、その当時の問題を一貫して引き継いでいるともいえる。

そして、近年の社会学が行き着いたのは、人間が行っている認識の多くが、実はそれ自体を根拠として循環しているという現実であった。もちろん、社会学だけではなくて、心理学や人類学、さらに哲学論や科学論、そして近年の脳科学といった領域が行き着いたのも、やはり同じ問題であった。

歴史も、経済も、社会も、権力も、どこか遠いところにあって人間から独立しているのではなくて、人と人、脳と脳の間の関係として生じており、過去の関係の型が多くの人々（脳）に記憶として共有されている。最近ではかなり多くの人々がこのように考えるようになっている。

昔の人々は、まるで望遠鏡で天体を観測するかのように「歴史」や「社会」を観察しようとしたが、そんな存在はどこにもなかったのである。

ただし、このことは学問の世界が静かな暴走を起こし、多くの人々の常識から離れていく事態だともいえる。テレビや新聞、雑誌といったマスコミは、今でも「経済」や「社会」がどこか遠いところにあって、「われわれ」や「個人」とやりとりをしているかのような語り方を続けているからである。

たとえば、「個人」は教育を受け資格を取得し、働くことで、「会社」から賃金を受け取り、納税することで「国家」から福祉サービスを受ける。人々が満足しているのならば問題はないが、何かの困難が生じると、「会社」や「国家」、社会や権力が「個人」の敵として意識される。それらはどこかはるか遠いところにいて、何の関係もない人々に一方的に危害を与えてくるかのようである。ただし、「社会」や「国家」だけでは抽象的すぎるので、印象的な政治家や有名な会社の名前が「悪者」としてシンボル化される。いうならば勧善懲悪の時代劇の「悪代官」である。そして、多くの人々がその種の単純化を批判し、はるかに複雑な現状を指摘しても、勧善懲悪の人気は衰えない。

人間には、おそらく自分と自分たちが作り出している関係をどこかで免罪化したいという志向を持っているのだろう。そして、免罪化に手がかりを与えるのが、「悪者」であり、勧善懲悪の論理である。

ごく新しい「歴史」の例でいえば、多くの人々が好景気で浮かれていて無茶な投資や安易な儲け話を真顔で信じていたという事実は都合よく忘れられ、「バブル経済」という悪者が登場する。悪かったのは「バブル経済」であって、自分たちは被害者だ、困窮したのは仕方がなかったのだ！　というわけである。しかし、少し考えればわかるように、「バブル経済」という存在は、「悪代官」と同じくどこにも見当たらない。

この種の「悪者」は人々を免罪化することで心理的な安定を確保してくれるのだろう。しかし、「バブル経済」の悪口をいくら言い続けても、現実の経済状態は少しも改善しない。むしろ、まだ可能で有効な回復策を後回しにし、状況を悪化させる危険すらある。悪いのは「バブル経済」だから、自分には何も落ち度がない、何も反省する必要がないと信じ込むことは、特に経営者には危険な態度である。

社会学も含め、今日の社会科学のかなりの部分は、すでにこういう「悪者」に原因を求める思考から離れている。そんな悪者はどこにも存在しないからである。むしろ、社会学はその種の悪者を追放し、代わりに見渡しがたく複雑に絡まり合った関係そのものを考えようとしてきた。

そんな中で社会学が歴史から離れていくように見える。誰もが「社会」と呼ぶものは間違いなく歴史の産物なのに、まるで千年後も変化しない真実があるかのようだ。三〇〇年前には考えられなかったことばかりに取り囲まれて生活していながら、三〇〇年後にもそれらが変わらないと思い込んでいる。ならば、とことん歴史にこだわる社会学というのを考えてみたらどうだろうか？　それは今日の人々が信じている「社会」が、実はごくごくまれな条件の組み合わせによって辛うじて成り立っているにすぎないことを明らかにする社会学である。

社会というのは人々の前にそびえ立つ巨大な殿堂ではなくて、実は様々な条件によって刻々と変わっていく関係でしかない。そして、それらの条件もまた変わっていく。

複雑に絡まり合った関係が時代とともに変化していく。しかも、将来どうなっていくのかも見渡せない。それならば、なぜ見渡せないのかを考える。もしかすると、原因は意外に簡単で、人々が歴史的な経緯を考えることそのものが「歴史」を複雑にしているからなのかもしれない。すると、そういった人間の思考の動きそのものも考えるべきだろう。

まさにそれこそが歴史をめぐる社会学の課題なのである。本書では社会学が古くから考えてきた概念を入り口として利用して考察を始める。代表は「社会」である。社会は存在なのか、それとも関係なのか？　まさに社会実在論と社会名目論の対立と呼ばれた議論である。社会を存在と考える立場は、人々の意思を越えたところで社会が人々を操っていると考える。しかも、社会というのは一定の広がりを持った空間と見なされることもある。たとえば人々がごく普通に「日本社会」と呼ぶ場合がこれである。これに対して、社会を名目（関係性）と考える立場は、社会を生じては消える関係の連なりと見なす。

これらの立場を、あれかこれか？　という二者択一で選び取って純粋化しようとするならば、社会学はかなり窮屈な学問になってしまう。そして、窮屈になればなるほど、ごく常識的な、考えなくてもわかることをいうだけになってしまう。

「社会を作っているのは人間です」というのは最高度に厳密に、しかも純粋に検証できるのだが、単なる常識にすぎない。これと同じで、「社会は物体として存在しない」と主張したところで、新しいことは何もいっていないのである。社会学は、そういう純粋さよりも、多くの人々に今までとは違った思考のきっかけを提供する知の営みを目指すべきだろう。

本書では、あえて古典的な社会学の枠組みを利用して、各々歴史にこだわる思考を行った。様々な組織や、組織によって行われる戦争、大きく変貌した都市、さらに宗教の動き、消費生活の成立、権力の変貌といった問題を通して、少し異なった視点の社会学を考えていく。それは、もしかすると社会学が生まれた頃の思考と、現代の多くの方面の学問の発展がもたらした新しい知見が意外にも整合的であることを発見する機会ともなるのかもしれない。

目次

第1章 ● 社会の大きな変化
――一九世紀末の大転換、デュルケム『自殺論』の背景

1 自由の代償

誰もが見慣れた現代社会は、実はそれほど昔からこうであったわけではない。むしろ、かなり新しい時代になっていろいろな変化を経て現状に至っている。何よりも重要なことは、今私たちが暮らしている社会というのは、人類の歴史の中でかなり特殊な社会なのだということである。日本の江戸時代でも、中国の清朝の時代でも、フランスの「アンシャンレジーム」の時代でも、どれも今の社会とは別物である。今を当たり前と考えるよりも、むしろ特殊であると考える方が現代の社会を考えるのにふさわしい。

そんな特殊な社会が生まれるのに最も大きな影響を与えたのが、ヨーロッパの数百年の歴史であったことは重要である。特に一九世紀末の三〇年ほどのヨーロッパは、ほとんど信じられないくらいの大変化を経験した。それまでの社会がほとんど崩れてしまい、代々農村に住んでいた人々は、農地を捨てて都市に向かい、産業労働者となった。理由はいろいろあるにせよ、農村の人口は激減し、都市の人口が

激増する。多くの人々が都市に住みたいと思い、農村にとどまる生活はよくないと信じた。農村の狭い人間関係や不自由なしきたりから離れ、自由を求めた。

現に、ヨーロッパの都市はこの時代に信じられないほどの変化を経験する。各地から押し寄せて来る無数の移住者の波は、昔ながらの都市住民の世界を飲み込んでしまう。パリやロンドンのような古くからの大都市では、中世以来の旧市街を取り囲んでいた城壁が撤去され、町が郊外を飲み込んで巨大化していく。新しくやってきた都市の住民は、昔ながらの農村の人間関係から切り離されており、自由であると同時に不安定でもある。他人の目を気にしなくてよい気楽さは、他人に守られていない不安でもある。両者はコインの両面であって、一方だけをとって他方を捨てることはできない。自由と不安定、これこそが歴史学と社会学を結ぶ共通問題である。言い換えると、人々が望ましいものとして追い求めたものが、実は同時に人々を不幸にする。夢に見た理想社会が、実は未曾有の隷属社会である。古くから人々が望んだ結果が裏切られた場合、そこに新しい考えが出発する。社会学もこうして生まれた。

一九世紀の末、一つの社会現象が西ヨーロッパの人々の関心を集めていた。それは自殺である。自殺は今日主流の人間観にとって理解不可能な現象である。たとえば、今日の主流をなす経済学は、己の利益を最大化する個人を前提にして成り立っている。個人の利益は貨幣で計られ、手持ちの貨幣の量が増えるほど（金が儲かるほど）利益は増大する。根拠は単純で、金を持っていればいるほど人間は幸せであると考えるからである。すると自ら命を絶つ個人というのはいったい何なのだろうか。しかも、自殺は貧困層よりも富裕層の方が多い。至れり尽くせりといった環境に恵まれた人物がなぜか自殺する。誰もがよく知っているように、人気の絶頂にあった芸能人が突然自殺する例は多い。人気の絶頂にある芸能人が芸能人全体の中で一握りのごく少数であることを考えれば、その割合は信じられないほどである。その気になれば思うがままに金儲けをできる人物が自殺する。少なくとも経済学的には理解できない。

そんな理解困難な現象を理解するのが社会学である。フランスの社会学者エミール・デュルケム（一八五八〜一九一七年）の『自殺論』（一八九七年）が論じたのがこの問題である。デュルケムは大規模な社会調査によって、自殺の地域偏差や季節偏差、社会階層偏差、宗教偏差を調査した。結果は社会調査の歴史に残る成果をあげ、多くの人々の常識は見事に裏切られた。多くの人手と多額の資金を必要とする社会調査が本来の成果をあげるのは、通常の常識が裏切られる場合である。

この意味で社会調査をはじめとしたあらゆる調査は矛盾を含んでいる。常識を元に最初に立てた仮説がそのまま証明されるだけならば、調査などしなくてもよい。しかし実情は違う。大規模な社会調査の多くは、最初の仮説を追認することで終わる。考えてみれば当然で、多くの人手と多額の資金を必要とする社会調査を実施するような組織は、常識が裏切られる状況を好まないからである。最初に何らかの大規模な事業があり、その事業が成果をあげるに違いないという仮説があるから、事業主は費用を負担して調査をする。「こんな事業は無意味だ」という結論が出る社会調査など、主催者にとっては自ら首を絞める自殺行為である。

ところがデュルケムの行った研究はほとんど奇跡といえるような成果をあげる。仮説がことごとく裏切られたからである。多くの人手と多額の資金を使ってはじめて得られる成果がここに登場した。『自殺論』が（社会調査による）実証的な社会学の記念碑となった理由はここにある。文学作品にあるように自殺が最も多そうなのは、暗くて寒い冬であるように思われる。雪が降って外出もできないような状況は、いかにも自殺を引き起こしそうである。ところが統計をとってみると、四季の中で最も自殺が少ないのは、実は冬なのである。他方、一番自殺が多いのは春。しかもこのことはデュルケムの調査とは縁もゆかりもない今日の日本社会でも追認されている。春になって陽気がよくなり、人々が活動的になると、実は自殺も増える。

「貧困に絶望した自殺」「経済苦による一家心中」といえばマスコミでおなじみの説明であるが、実際には貧困層の自殺は少ない。経済的に恵まれない社会階層に多いのは犯罪（暴力、殺人事件、窃盗）で、恵まれた階層に多いのが自殺、つまり、自殺と犯罪は経済的な社会階層にとって反比例の関係にある。職業を見てみると、農村に暮らす昔ながらの農民に自殺は少なく、都市の専門職に際立って多い。教育水準でいえば、低いほど自殺が少なく、高いほど多くなる。つまり、弁護士、医師、自由業、たとえば作家、芸術家、そして芸能人には自殺が極端に多い。さらに宗教の偏差を見ると、南ヨーロッパのカトリック地域は少なく、北ヨーロッパのプロテスタント地域は際立って多い。カトリック教徒より少ないのはユダヤ教徒で、この場合は都市に生活する富裕な専門職でも自殺が少ない。自身もユダヤ人であるデュルケムの議論が頂点に達するのがここで、周囲をキリスト教徒に取り囲まれ日常的に敵意にさらされているユダヤ教徒は、狭い人間関係の中で相互に監視し合っているために自殺が少ないのだと論じる。ようするに都会の専門職や自由業に就いていても、伝統的な農村生活に似た生活環境がユダヤ人たちを取り巻いているというわけである。都市に生活していながら狭い世界で生活し、常に親しい人々と助け合っている、つまり同時に監視されているのがユダヤ人なのである。

大規模な調査が大方の予想を裏切り、調査が行われるまでは多くの人々が考えもしなかった結論が出る。デュルケムの『自殺論』が記念碑的なのはまさにこの点である。自殺というのはもちろん重大な事件である。しかも、例外を除けば、これほど個人的な事件も少ない。多くの場合、他人に頼まれたわけでも、強制されたわけでもなく人は自殺する。ところが、毎年の自殺統計を見てみると、地域ごとに数字の変動は少なく、都市部と農村、職業、宗教による傾向も一定である。それはあたかも個人の意思を越えた何かの力が働いているかのようである。ここからデュルケムは個人の意思を越えたところに存在する「社会」を問題にする。

個人が自由にふるまっているように見えながら、実際には特定の型を作り出してしまう状況、そこに「社会」が関係しているのである。つまり自由な個人を理想としながら、実際には特定の社会的条件に自分たちを縛ってしまう。そんな状況をデュルケムは問題にした。

デュルケムが生きた一九世紀後半から二〇世紀初頭のヨーロッパは、まさに激動期で、古い社会が急速に縮小し、都市が巨大化する時期に当たる。パリの例を見ると、一八〇〇年に五五万人ほどだった人口が、一八五六年の調査では一一七万人、おおよそ五〇年で人口が倍以上になるという状況である。その後一八六〇年に周辺地域を合併することで一七〇万人ほどになり、それが一九二一年には二九〇万人を超える。他方でフランスの人口は一九世紀の初頭に三〇〇〇万人弱だったのが、二〇一一年現在で六五四三万人だから、パリの人口の増え方がいかに急速だったかがわかるだろう。ようするに農村や地方の小都市に住んでいた人々がパリに引き寄せられ、パリ市の面積も周辺の地域を吸収して巨大化していく。一八五〇年代から六〇年代にかけて行われたパリ市街地の大改造もこの時期に重なっている。中世以来の狭い入り組んだ路地や低層住宅を壊して放射状の大通りを走らせ、建物の高さをそろえる、現在のパリの原型がこの時に作られた。

そんな人工的に計画された大都市に引き寄せられた人々が、それまでの生活に比べてすべての点で幸福になったのかといえば、そうともいえない。職業選択の自由や経済的な豊かさは同時に不幸の原因でもある。

農地を売って生まれ故郷の農地を離れた農民は金で買えないものを失っている。今でも土地付き一戸建ての住宅を求める人が多いように、土地は人間にとって多くを与える。そこには季節の移り変わりがあり、人間と自然環境の接点が多い。そのうえ、農業を営んでいたならば、自然とのかかわりは多く、しかも周囲に暮らす人々との親密な人間関係が不可欠である。秋になれば皆で収穫を喜び、祭礼で浮かれ騒ぐ。誰もが子供の頃からの顔見知りで、何もかも知っている。これらは大都市の密集住宅に住む労働者には得がたい生活である。人々は住み慣れた環境を離れ、未知の社会に入っていく。未知の社会は、田舎から出てきた人々には自由で気楽な場所であると同時に、よそよそしい場所であり、誰も頼ることのできない不安な場所でもある。まさにこれこそがデュルケムの『自殺論』の背景なのである。

2 歴史と社会の多面性

社会学と歴史学の長年の結論は、一言でいえばひどく単純である。それは、人間の社会は複雑であること。さらにいえば、複雑な社会について簡単な理屈で説明することなどできないこと。しかも、人間の社会について研究する人々自身が社会生活を送っているので、完全に客観的な立場などありえないということである。歴史家も社会学者も生活する個人であり、自分の立場を少しでもよくしようと、日々もがいている。そんな人々が生み出した学問が、あらゆる人々の立場を公平に反映していることなどありえない。

たとえば、先にふれたデュルケムは、ドイツ国境のアルザス地方に生まれたユダヤ人である。アルザスはデュルケムが一八五八年に生まれた時にはフランス領だったが、一八七〇～七一年の普仏戦争でドイツ領になる。デュルケムは一九一七年に亡くなっているので、生まれ故郷は死ぬまでドイツ領であった。つまりキリスト教社会の中で少数派で差別されているユダヤ人が故郷を失った形でフランス人として生きていく。当然、その人生には多くの苦労があったはずである。そんな人物が研究する「社会学」は、当人の苦労を反映しているはずで、そうでないと考えることの方が難しい。

他方で、複雑で見渡しがたい人間社会は、デュルケムが考えたように個人の意図を越えている。未来はこうなるはずだと有名な人物がいったとすると、有名人の予言を知った多くの人々が、自分だけはうまく立ち回ろうとする結果、予言が当たったり外れたりする。「世界的に有名な投資家」がある商品や株式に投資したという情報が流れれば、我も我もという調子で人々が投資することで、有名な投資家はますます儲かってしまう。それならば投資家の意図が実現したのではないかと思われるが、逆の場合も多い。市場の暴落などその好例で、高値で売り抜けた人以外は市場に参加する誰もが損害を受けるにもかかわらず、暴落はしばしば起こる。もちろん「世界的に有名な投資家」ですら無傷ではいられない。

もちろん市場の例は比較的単純な社会現象であって、人間が暮らしている社会にはもっと複雑な関係が見渡しがたく連なっている。デュルケムは都市化や産業化によって複雑化した社会に、新しい倫理を作り出そうとしたが、成功したとはいいがたい。デュルケムが「有機的連帯」と呼んだ現代社会の倫理観は、他の連帯との闘争を激化させる原理でもある。このことは第一次世界大戦中の一九一七年に死んだデュルケムにとってひどく過酷な現実であったともいえる。職務への奉仕や規律、集団への愛情といった倫理観を強調した晩年のデュルケムは、それらがもたらした未曾有の事態に直面せざるを得なかった。確かに「有機的連帯」を欠いていては、激しい人的消耗を伴う「総力戦」と呼ばれる大規模な戦争を四年間も続けることなどできないだろう。

さらに第一次世界大戦がもたらした総力戦下の軍事社会化、あるいは社会の全般的な軍事化がその後の世界に及ぼした影響は大きい。軍隊こそが社会改革の主人公であるという考えや、軍隊流の計画経済や指令経済こそが社会を効率化するといった考えは、様々な政治的な立場、イデオロギーを横断して広く影響を与えてきた。あらゆる犠牲を払って大砲や戦艦を作り続ける経済は、迫り来る強敵を打ち倒す頼もしい政策なのだが、戦時にしか有効性がないともいえる。平時にも戦時のような体制で指令経済を続けていけば、勇ましいスローガンや指導者崇拝とは裏腹に、社会全体は消耗していく。核兵器や宇宙ロケットを造るのは得意でも、社会生活の水準は一向に向上しない社会がその典型である。

他方で、軍隊というのは計画によって効率化しようとする考えが最も純粋な形で表現される組織であるともいえる。学校にしても会社にしても、多くの組織の目的は多様で、目的同士が矛盾することも多い。競争に打ち勝って会社を大きくすることよりも、従業員の福利を優先すると明言する経営者は珍しくない。むしろ、従業員に向かって「我が社の目的は金だけだ！」と明言する経営者はまれだろう。これに対して、特に戦時の軍隊の目的は誰の目にも明らかである。それは戦争に勝利することである。誰の目にも明らかな目的があれば、組織はその目的を達成するために最適化することができる。あらゆる犠牲を払ってでも目的を達成する軍隊、まさにこれこそが二度の世界大戦がもたらした組織のイメージである。この意味で軍隊は、しばしば組織改革の理想とされる。このことは、書店に並んでいる「ビジネス書」（経営書）と呼ばれる書物の表題に、「戦う組織」「勝利する経営」「○○に打ち勝つ××」「戦う指揮官」といった軍隊と戦闘を連想させる表現がよく出て来ることと呼応する。全員が同じ服を着て同じ目的に向かってすべてをなげうって奉仕するといった軍隊のイメージは、確かに多くの経営者、組織人、そして政治家にとっても魅力的なのである。

ただし、実際の社会生活は軍隊ではない。むしろ、特定の目的などありえない集団や、互いに矛盾し合う目的を与えられた組織を問題にするのが歴史学や社会学なのである。デュルケムの『自殺論』に話を戻すと、農村から都会に働きに出て来る人々は、共通の目的を共有しているわけではない。より高い給与を求めてという説明をすれば、当人たちも納得するかもしれないが、それ以外の理由も無視することはできない。狭い人間関係の中に埋め込まれて祖父母や両親と同じ人生を送るのか、それとも自由な都会に出てもっと変化に富んだ人生を送るのかといった選択もありえる。「他人に気兼ねして生きるよりも、より自分らしい人生を選び取りたい」といった決まり文句もまた、当人たちを納得させるのではないだろうか。このことは今でも世界中で起こっている地方の過疎化と首都の巨大化という現象を考えてみればわかるだろう。

それぞれの個人が多様な集団や組織に属し、しかも集団や組織がそれぞれ別個の目的を追求するのだから、簡単な理屈で説明することなどできるわけがない。ところが、そこに何らかの共通の傾向を見出すことができないか、これがデュルケムのような社会学者たちの課題であった。人々がばらばらに思い思いの意図に沿って行動していながら、しばしば意図などなく単なるその場の思い付きで行動しながら、なぜか特定の傾向が現れてくる。それはなぜなのか。さらにいえば、誰もが自分勝手に行動しながら、社会全体としては進歩しているように見えるし、以前よりは未来の方が豊かになっていくように思われる。少なくとも経済は成長し、生産性は向上している。誰もが自分だけの利益を求めながら、技術が進歩することで多くの人々が利益を受ける。多くの問題を引き起こしながらも、必死に対策を考えれば次第に事態は改善しているようにも考えられる。少なくとも一九世紀末のヨーロッパ人の実感はこれであった。もちろん、これは社会学だけではなく、社会科学全般の問題といえる。

デュルケムはここから社会学を確固とした科学として打ち立てようとした。個人の意思から離れた一連の傾向は確かな社会的な実在であり、それは当然、人々に特定の規範を課してくるに違いないというわけである。都市化した産業社会の特性は果てしなく進展した分業化であり、分業化の下で生きるそれぞれの個人は分業が成果をあげるように努力しなければならない。しかも、複雑化した社会はそれまでの社会とは異なった連帯を可能にするに違いない。デュルケムが考えた理想社会は、二一世紀の今日の視点から見れば、ずいぶんと素朴に見える。しかし、社会問題について皮肉な態度で眺めることに慣れた社会学者の視点を一旦離れるならば、これが今でも多くの人々の心を捉えている社会倫理であることは認めなければならない。「職場の皆のために自分に与えられた仕事に全力を尽くせ」、あるいは「がんばれば豊かになれる」といわれて、鼻で笑う態度を示すのは、かなり特殊な人々である。この意味で、デュルケムの仕事はまだ現役で生きている。

3　あべこべの社会

デュルケムが『自殺論』で描き出した一九世紀末のヨーロッパ社会は、古い時代の価値観がことごとく裏切られる体験が連続する社会でもあった。昔の社会の常識が、新しい社会では通用しない。なぜなのか。まさにこれこそが、社会科学の問題なのである。

少し考えてみればわかるように、今日の社会に暮らす人々は、三〇〇年前の自分たちの祖先とはかなり異なった価値観で生活している。たとえば人口が希薄な農村に暮らす人々は住宅を手に入れるのにそれほど苦労しなかった。自分が耕している農地の一部に、生活するのに必要な住居を自分たちで建てる。建設や修繕は仕事がひまな農閑期に村の人々が総出で行う。すべては助け合いで、世話になったら自分の労働で借りを返す。当時の人々は、自分が住んでいる住宅の取得にかかった費用を三〇年もかけて払うなどということはなかった。もちろん、当時の人々が住んでいた住居は今日の人々が享受しているような便利さとは無縁で、電気も水道もない生活は、それだけ多くの肉体労働を必要としたわけである。ただし、それ以外の選択肢がない社会に暮らす人々は、そんな生活を当然のことと考えていた。

昔の社会が満ち足りた豊かな社会だったのかといえば、そうではない。世界各地の歴史にはしばしば飢饉が登場する。日本の歴史を見ても江戸時代には飢饉が何度も発生している。とりわけ寛永の大飢饉

（一六四一〜四三年）、享保の大飢饉（一七三二年）、天明の大飢饉（一七八二〜八七年）、天保の大飢饉（一八三三〜三九年）は江戸の四大飢饉と呼ばれ、おびただしい数の人々が餓死した。特に深刻だったのが天明の大飢饉で、一七八〇年の日本の人口が二六〇一万人と推計されるのに対し、一七九二年には、二四八九万人になっている（関山直太郎『近世日本の人口構造』、吉川弘文館、一九五八年）。

ヨーロッパの事例では、一八四五年から一八四九年の五年間にジャガイモの疫病によって引き起こされた「ジャガイモ飢饉」がある。特にアイルランドで深刻な被害をもたらし、この国の全人口の二割強が餓死もしくは病死し、二割弱が国外に脱出した。アイルランドの人口は半減し、従来の社会構造が破壊されたうえ、その後の歴史に大きな影を落とすことになる。

ここで重要なことは、人口の大半が農業に従事し、食糧生産に携わっているような社会でありながら、主要作物の米やジャガイモが不作に陥るだけで大勢の人が餓死するという事実である。餓死の危険がつきまとう社会では、食糧は貴重であった。実際、人間の社会の歴史は「食べていく」ことに集中してきた歴史だともいえる。しかも、一九世紀中頃のヨーロッパですら大規模な飢饉が起こっていたのである。

これに対して、今日の日本社会に暮らす人々は飢饉に直面するようなことはない。今の日本語にも「食べていく」という言い方はあって、よく使われるが、意味が異なっている。江戸時代の日本人が「食べていく」といった場合、それは食物から栄養を摂って身体を維持していくという意味であった。食べていけなくなれば、飢饉の時のように餓死するわけである。ところが、今日の人々がより多く「食べてい費である。

る」のは、食糧よりも、家賃や住宅ローンであり、車の購入代金や維持費であり、携帯電話などの通信費である。

さらにいえば、現代人は食べることよりも、むしろ、「食べない」ことに大きな課題を抱えている。過剰に摂取した栄養は肥満や生活習慣病の原因となる。過去の社会では富裕な人々ほどたくさん食べて太っていた。しかし、今日の先進国といわれる社会では、栄養摂取に気を配りエクササイズに励んでいる富裕層は痩せており、低所得層は高カロリーのスナック菓子やファーストフードばかりを食べるために肥満が多いとされている。まさに逆転の社会である。

昔の社会においてさらに貴重だったのは衣料品である。多くの自給自足社会では農閑期に自作するのが基本で、古い着物の布を綴り合わせた衣料も普通に使われていた。貨幣経済がそれほど浸透していなかった社会では、商品として流通する衣料というのはごく貴重なもので、人生の大きな節目に購入するだけだった。成人や婚礼をめぐる儀礼と衣料が結び付いているのは、こうした昔の社会の名残である。他方で、絵画などに表現されている昔の王侯貴族や有力者が不必要なまでに飾り立てた衣装をまとっていたのは、一般庶民が持てない華美な衣装が権威を持っていたからである。多くの人が持てない貴重品を特定の人物が大量に持っていることは、人々の憧れや尊敬や怖れ、そして嫉妬や憎悪をもたらす。

これに対して、現代の人々は安価になった衣料品をふんだんに消費する生活に慣れている。世界的に展開する量販店では高品質な衣料品が安価で売られており、しかも価格の下落傾向は止まらない。さらに衣料は長年にわたって、流行の対象となっており、次々と取り替えられて消費されていく。まさに「大量生産大量消費」という言葉そのものの商品である。現に各国とも、衣装というのは時代をさかのぼるほど身分や地位、経済状態を表示するシンボルであったが、時代を下るほど特定の趣味を共有する人々の文化に変わっていく。コンピュータ会社を起こして大成功した億万長者が仕立てのよいスーツを着ないで、ジーンズやTシャツを手放さないのは、当人が属している特定の文化の問題であって、社会的地位や経済状態とは関係ない。

昔の社会で貴重だった食糧や衣料が安価になり、昔の人々にとってはありふれたものであった住居が貴重になった。いうならば、あべこべの社会である。その結果、過去の社会に基づいた経験の多くが役に立たなくなり、以前の人々が考えもしなかった新しい考え方が支配的になっていく。一九世紀や二〇世紀の人々が社会の大きな変化について「革命」という言葉をやたらに使ったのは理由がないことではない。以前の価値観が通用しなくなり、年上の世代の人間には理解困難な新しい現象が次々と登場したからである。人間は昔から「今の若い者が考えることはわからない」と繰り返してきたが、一九世紀以来の二〇〇年間は確かに未知の状況が次々に登場することばかりであった。このことは日本の三〇〇年前の社会（江戸中期）と二〇〇年前の社会（江戸後期）の違いと比べてみればよくわかる。一八世紀初頭の老人は、江戸時代から生きてきた二〇世紀初頭の老人よりも、はるかに似た考え方をする「若い者」と暮らしていたはずである。

三〇〇年前の日本と現代の日本では、様々な価値があべこべになっている。当然、人間の生き方も大きく異なっている。そもそも生きることそのものについての考え方も違っている。三〇〇年前の社会では、人間は日常的に死に直面していた。乳幼児死亡率が今日と違って高かった時代、兄弟一〇人のうち大人になるまで育ったのは二人だけなどというのは世界中どこでも珍しいことではなかった。王侯貴族ですら高い乳幼児死亡率に直面していたのだから、経済的に恵まれない人々は、さらに高い頻度で身近な死を体験していたわけである。しかも病院という施設がない社会では、生まれるのも死ぬのも多くは自宅であり、死と生のめまぐるしい交替が生活に密着していた。生まれるのも病院ならば延命治療の末に死ぬのも病院という現代人とは、明らかに異なった死生観が、世界中でごく普通のこととして受け入れられていた。

それでは、現代社会が過去とはこれほどまでに異なった社会になったのはなぜなのだろうか。あべこべの社会が生まれたのはなぜなのか。まさにこの問いこそが社会学と歴史学が長年取り組んできた「近代化」や「社会変動」という言葉で呼ばれてきた問題なのである。少し説明すれば誰でも納得できるような、そんな社会の変化が、なぜ起こったのか。

4　働くことの意味の変化

多くの社会科学者たちは、この数百年の社会の変化を経済の側面から説明してきた。何はともあれ社会は豊かになった。飢餓の恐怖と隣り合わせに生きてきた先祖たちとは違って、今日の人々は肥満を気にしながら暮らしている。豊かさがすべて善であるかどうかは別として、人はモノがない状態よりも豊富な状態を望む。そして望みは実現されてきた。豊かさは煎じ詰めれば経済であり、経済の変化こそがすべての社会変動の原因なのだという理解である。逆にいえば、人間の不幸の原因はすべて経済であり、経済的に行き詰まることはすべての社会生活が行き詰まることでもあるということになる。このように大きな規模の社会現象を特定の側面からのみ説明する議論を決定論という。あらゆる社会問題の原因が経済にあるという考えは、経済決定論である。

経済決定論は、今でも主流である。新聞や雑誌、テレビに登場する社会問題の多くは、いかにして経済格差をなくすか、あるいは経済格差（収入や資産の格差）が広がらないようにするにはどうするべきなのかという観点から語られる。社会保障や福祉の問題も、最も熱心に語られるのは経済の側面である。さらに具体的にいえば、年金や医療費の給付水準や負担の割合、つまり金銭の問題である。あるいは、生命保険会社の宣伝では、情緒的な調子で「いざという時の保障」や「安心」について語られるが、保険会社がやってくれることは保険金を払うことだけである。裁判で争われる「損害賠償」も、通常、金銭で解決される。まさに経済決定論の世界である。

逆にいえば、多くの人々にとって経済決定論が受け入れられるようになった社会こそが現代の社会ともいえる。つまりあらゆる問題の中で収入や資産が最も重要であり、ほとんどの人々の「本音」は「カネ」なのだと信じられる社会である。しかも、今日の人々は、そんな経済決定論を過去の社会にまで当てはめて理解してきた。

ただし、実際の人間は必ずしも経済的な利害だけで生きているわけではない。このことは、経済的に成功した人物を思い浮かべてみればよい。ようするに金持ちになった自分である。普通に思い浮かぶ「金持ち」は、高級住宅街の大きな家に住んで高級車に乗る、高価な食事に高価な衣服、出かければ高級ホテルに泊まり、自分と同じように金持ちの人々と交際する。自分と違う生活を想像するのは難しいが、おおよそこんなものだろうか。

「金持ち」の生活条件を書き出していけばすぐに思い付くように、人は経済力そのものを目的としているわけではなくて、「経済的に成功した人間」という評価を周囲の人々から得たいがために経済的に成功しようとする。大きな家に住んだり、大型車に乗ったりするのは体が大きいからではない。それらは社会に向かって無言で訴えかけているシンボルなのである。「経済的に成功した人間」として最も認められるにはどうするか。それは、自分以上に成功している人々に同等の仲間として認められることである。仮に、この種の社会的承認を排除した自己目的の金持ちというのを想像してみたらどうだろうか。質素な自宅に質素な身なりで住んでいる人間が、札束を積み上げて悦に入る、あるいはパソコンのモニターに出ている資産の数字を見て満足する、もちろんその種の人物が実在することは大いにありうるが、多くの人々にとってはあまりうらやましい生活ではないだろう。ぼろ屋に住む独居老人が死んで、自宅から大金や金塊が見つかったなどという報道がたまにあるが、おそらくそういう人物なのだろう。考えてみれば、最も理念に忠実に生きた「経済人間」である。

これに対して、多くの人々は、むしろ他人に承認されるために経済力を得たいと考える。目的は社会的地位や尊敬、承認であって、経済力はそのための手段である。現に、歴史上にも現代の社会にも、経済的な問題には無関心な態度でまわりの人々から高く評価されている人は大勢いる。宗教家や芸術家、音楽家、学者の生活信条では、むしろこちらの方が主流であることが多い。プロ競技が成り立たない種目の一流スポーツ選手に至っては、ほとんど完全に社会的承認のために生きているとすらいえる。

ごく限られた人々の話はこれくらいにしても、多くの人々もまた自分の存在が社会的に承認されることは決定的な意味を持つ。たとえば何をして働いているのか、職業は何かということは多くの人々にとって重要である。言い換えると、職業は今日の人々のアイデンティティの中心を占めている。職業というのはその人が社会の中でどのような役割を果たしているのかを意味し、どのような人物として社会的に承認されているのかを示しているともいえる。そもそも日本を含めた東アジア地域で続いてきた「大学受験競争」は、よりよい学習環境で大学教育を受けたいというよりも、より有力な大学を卒業することでより好ましい職業に就く機会を増やそうという競争である。その競争に勝つためにはより有利な高校に入学し、より有利な高校に入学するためにはより有利な中学校に、小学校に、幼稚園に行かなければならない。「名門幼稚園」の入園のための高額の準備機関も珍しくはない。こうして考えてみれば、間接にせよ、幼児の段階から「職業」をめぐる社会的承認が大きな役割を果たしているといえる。子供の受験競争にかかる多額の費用が、しばしば両親の経済的欲求の原因であることを考えれば、あらゆる社会問題を経済だけで説明できないことはかなり納得できるだろう。この意味でも、金銭は手段であって目的ではない。

ただし、このような職業をアイデンティティとする考え方が昔の社会でも普通であったのかというとそうではない。再び三〇〇年前の日本社会を考えるならば、当時の人々の多くは今日の意味で「職業」を持たなかった。このことは権力者から貧しい人々まで共通していた。日本史に登場する貴族や武士、将軍や大名は、身分であって職業ではない。もちろん農村に暮らす人々も、農業という職業に従事するというよりは、農民という身分に属していた。ここでいう職業というのは、個人の選択によって選ばれた職務であって、生まれた時に決定されている親子代々(世襲)の身分とは違う。もちろんヨーロッパでも事情は同じである。昔の社会で職業と呼べたのは、宗教家(自分の意思で出家した仏僧、修道士など)や医師や法律家、芸人、あるいは寺院や城郭の建設を請け負う職人などの専門家層である。多くの社会で専門家層は身分制秩序の外側で人員の移動の自由を確保してきた。貧しい農民の利発な子供が僧侶や医者の下で高度な教育を受ける機会を得て、親と異なった社会生活を送るといった現象はよく見られた。ただし、これはあくまでも例外であった。しかも専門家層の地位は一部の宗教家を除けば高くなかった。

誰もが親と同じことをして生涯を終わることがわかっている社会では、職業はアイデンティティとはなりにくい。そもそもこういう社会では職業の種類が少ない。むしろ多くの人々のアイデンティティは生まれつきの身分にあった。各国の中世文学には、先祖が誰で、どのような血統とつながっているのか、世襲する領地はどこかということを飽きもしないで繰り返す人物が登場する。もちろんそのような社会では、学歴による職業選択という考え方自体がないから、受験競争などありえない。

逆にいえば、働くこと、つまり職業が人々の関心を占める現代社会では、生物として「食べていく」ために働いているというよりも、特定の職業人として社会的に承認されるために働いているともいえる。先に述べたように、自給自足の社会に暮らす昔の人々が働いたのは「食べていく」ためであった。食べなければ餓死する。これに対して、食糧よりも住宅や自動車や通信費や高級ブランド品を「食べて」いる今日の人々は、より社会的承認のために働いているといえる。これらはまさに社会的な承認のための出費だからである。「ステイタスシンボル」という言葉があるように、家や車や衣服などの持ち物は、社会的な位置付けや格式、あるいは特定の社会層や趣味、そして職業を表示するものである。しかも、それらの出費は「見栄（ミエ）」の問題もあって、可処分所得のかなりの部分を占める。

みすぼらしい家に住んで古い中古車に乗ることで餓死する人はいないが、社会的には打撃を受ける。現代の人間はこうした意味での社会的承認にこだわる。さらにいえば「消費社会」と呼ばれる状況の要点は、人々が毎日の生活を送っていく中で互いに承認し合う過程にある。平たくいえば、普段接している人々が持っている持ち物が自分もほしい。誰もが使っている物を自分だけ所有しないのは苦しい。あるいは自分たちが共通して利用しているサービスを一人だけ使わない人間は、変である。そうした同じ消費生活を共有しない人間は「変わり者」、あるいは金の亡者、ケチといった評価が生じる。多くの人々は、その種の負の承認（悪評）に耐えることが難しい。それを避けたいために、我れ先に特定の商品に殺到するわけである。

昔の社会でも社会的承認は重要だったはずだが、それらの大半は具体的な対面状況での承認であった。毎日顔を突き合わせている人々だけがほとんどすべての社会である。自給自足が基本の農村社会での社会的承認は、仲間であること、一緒に働く働き手であることである。働き手としての評価は当然人によってそれぞれで、日本語の中にも過去の社会の名残が見られる。ある人物は評判の「働き者」とされ、別の人物は「怠け者」「穀潰し」と非難される。よそからやってきた人は「余所者」であって、共同体への加入には時間がかかる。人間関係は一定していて、「幼なじみ」がそのまま大人の社会関係に移行する。今日でも仲間外れの意味で使われる「村八分《むらはちぶ》」というのは、元来の意味は葬式と火消し以外の（残りの八分の）交際を絶つことであった。村の付き合いは一〇種類（十分《じゅうぶ》）あり、葬式と火消し以外は、成人、婚礼、出産、病気、建築、水害、年忌（法事）、旅行である。自給自足が基本の農村共同体で、「村八分」の状態に置かれると、ほとんど生きていくことができない。葬式と火消しだけを除外したのは、死体が放置された場合や火事が周囲に延焼した場合の実害に基づいている。埋葬されないで放置された死体はひどい悪臭を放ち、伝染病の原因ともなる。火事が燃え広がれば当然誰もが困るからである。

これに対して、現代の社会では社会的承認がはるかに抽象化している点が異なっている。今日の人々は、実際に会ったこともない無数の人々が作り出す基準に従って生きている。その際に大きな役割を果たしているのは、テレビを代表とするマスメディアの影響力である。社会学的に興味をそそるのは、マスメディアが与える独特の現実感である。メディアは会ったこともない人との距離感を縮め、あたかも毎日会っている人よりも親しいかのような印象を作り出す。以前どこかのコラムで有名なテレビ解説者が書いていたのだが、テレビを通じて顔が売れてきて、何よりも最初戸惑ったのは、日本各地行く先々で初対面のはずの人が自分の顔を親しそうに眺めることなのだという。自分が知らない無数の人々が、自分のことを知っている。しかもそれは仕事上の自分であって、それ以外ではない。仕事上の自分ももちろん自分の一部ではあるが、すべてではない。しかし、一部が無限といえるほどに拡大されている。この人の場合は、地味な研究生活からいきなりテレビの世界に入ったので生活の激変に驚いたのだろう。ただし、テレビの著名人というのは多くの場合、長く記憶されているわけではない。しかも、硬い番組の解説者の姿を克明に覚えている視聴者は多くない。これに対して、長年人気を維持してきた有名芸能人の場合、長年にわたって作り出してきた仕事の自分と、私生活を送る自分の間の格差はさらに大きくなっているはずである。いうならば仮想的に拡大された一方通行の人間関係である。

メディアの例は極端だが、今日の社会では、常に人間関係が変化していく。とりわけ大都市の職業生活では頻繁に人が出入りし、知らない人と出会うことも多い反面、なじんだ人々と別れることも多い。

日々刻々変化していく人間関係が大都市の社会生活なのである。それは昔の社会ではごく限られた人々のみの生活様式だったに違いない。行商人や旅芸人のような人々は古くから流動的な社会関係の中で暮らしてきた。これに対して、農村で生活する人々は同じ人間関係の中で生涯を送っていた。そのような社会にあっては、移動しないで同じ人間関係の中で生涯を送る人々こそが普通であり、移動して人間関係を取り替えていく人々は普通でない人であると考えられた。これに対して、今日の社会に暮らしていると、進学や就職、転勤や昇進で住み慣れた環境を離れていくことの方が普通であるように思われてくる。この意味でも、過去とあべこべになった社会に暮らしているといえるだろう。

5　日々作り出していく社会

ここまで社会の変化に伴う生活の変化を考えてきたが、そもそも社会の変化とは何なのだろうか。人員が常に変化し、人々が常に入れ替わりながら社会が社会であり続けるのはなぜなのか。立ち止まって考えてみると、まず何よりも、社会とは何なのか。何が社会なのか。ここで少し掘り下げて考えてみることにしよう。

社会学にとって最も難しいのは、実は「社会とは何か」という問題である。ベテランの教員ならば、「それがわからないから僕たちは社会学を勉強しているのです」といって学生を煙に巻いてすり抜ける。しかし、真剣に考えるとやはり難しい。社会学だけではなくて、社会科学と呼ばれる学問は、しばしば「社会」というのを、人間とは別個の巨大な存在として捉えているように思われることがよくある。たとえば、「日本社会」や「戦国時代の社会」、あるいは「社会生活」といった言い方を普通にする。あるいは、「それでは社会的責任を果たしたことにならない」という文言もよく目にする。これらが言い表している「社会」というのは何なのか。「日本社会」と個々の日本人はどういう関係にあるのか。はるか昔に死んでしまった人々が住んでいた「社会」というのは何なのか。あるいは、「社会生活」以外の生活は、どういう生活なのか。「社会的責任」を果たさない人は、それでは「社会」とは無関係なのか。社会と無関係の生活というのは何なのか。

このように問うていくと「社会」というのが個々の人間の生活の外部にあって、まるで人々に外から圧力をかけてくる存在のように思われてくる。しかし、それは本当だろうか。人間と切り離された社会というのは何なのか。そんなものがあるのか。もちろん、そんなものはありえないはずである。そもそも「社会」という名前の物体が存在しているわけではないし、その種の物体が人間に命令してきたり、人間の要求に従ったりするわけでもない。

むしろ社会というのは、人間の間に日々刻々生じていると考えるべきだろう。別の視点からいえば、社会を無数の人々が日々作り出している。社会は特定の物体ではなくて、生まれては消える人々の関係なのである。さらにいえば、人々はお互いに社会を作り出している。このことはあたかも不変の存在であるかのように思われている組織が、実際にはごくごく微妙な関係のうえに成り立っていることを考えればわかる。どんなに大きな会社でも、国家権力ですらも、実際には人々の相互の承認によって成り立っている。多くの人々が一斉に認めなくなれば、社会現象は消えてしまう。極端な例だが、数ヶ月前まで無敵の独裁者であった人物が、失脚してみると反乱軍のカメラの前で命乞いする無力な老人になってしまうなどということが起こる。「権力」というのは多くの場合、他人よりも大きな物理的暴力を持っていることとして説明されるが、肝心の独裁者が個人として超人的な体力を誇っているわけではない。

冷静に考えてみると、先進国と呼ばれる国の中で、軍人や警察官が武器を使用している様子を目撃することはごくまれである。現に日本の警察官の多くは公共の場で一度も拳銃を使用することなく定年退職を迎える。激昂した現場の警官が一般市民に拳銃を向けただけで、大騒ぎになってしまうくらいである。

むしろ、現在の日本のような社会では権力と呼ばれるものは、人々が自発的に従うことによって成り立っている。信号が赤になれば止まり、納税通知書が送られてくればぶつぶついいながら税金を払い、子供を学校に行かせろといわれれば当然のように入学させる。そんな自発的な行動によって権力は成り立っているのであって、独裁者が社会の隅々までを自分のいいように計画して人々を暴力で服従させているわけではない。もちろん、世界には、住民が自発的に従わない社会も多い。日本社会では、選挙で自分が投票しなかった候補者が当選しても、その候補者による政治を容認するのがごく当たり前のことと思われている。実は、この当たり前のことが「民主主義」と呼ばれる制度にとっては決定的に重要である。これに対して、選挙のたびに各陣営が勝利宣言をし、選挙管理委員会が出した選挙結果を不正であるといって否定し、事後、各陣営の支持者が街頭で乱闘するなどという社会は珍しくはない。

どちらも煎じ詰めれば個々人が何を信じており、どんな常識を共有して行動しているのかということに行き着く。言い換えれば、一人ひとりの毎日の行動が複雑に関係し合って「社会」を作り出していることを自覚することの重要さがわかってくる。社会というのは、決してどこかにある巨大な物体などではなく、また「私は社会だ」と主張する特定の人物がすべてを操っているわけでもない。

ただし、何よりも注意しなければならないことは、「社会」について文章を書くことは、まるでそれが自分とは無関係な物体であるかのように書いてしまう危険を常にはらんでいることである。「客観性」という言葉があり、しばしばよいこと、目指すべきこととして使われるが、文章を書いている著者と無関係で、「客観的」な「社会」というのは、いったい何なのか？　そんなことが可能なのか？　という疑問を常に念頭に置いていなければならない。

今現在の自分が暮らしている社会について、まるではるか昔の外国のように書くふりをする、そんな不自然なやり方が、実際には、社会や、日々刻々「社会」を作り出している人間をモノとして考える習慣を生み出しているのである。

第2章 ● 組織の変容
——パワー・エリートと二つの世界大戦

1 組織とのかかわり

ここでは日常の社会生活に様々な影響を与えている組織の問題について考えていく。ここでいう組織とは、「特定の目的と構造を持った人間の集団」と定義しておくことにする。

このような定義をわざわざするのは、様々な集団から組織を区別するためである。組織には大小がある。大きな組織の例としては、地下鉄を運行する交通局がある。目的は地下鉄の安全で正確な運行であり、最高責任者から運転手や駅員、事務員までそれぞれの職務が構造化されている。小さな組織としては、数人の学生サークルもそうである。スポーツやボランティア活動にせよ、芸術作品の制作展示にせよ、特定の目的があり、部長と一般部員からなる構造もある。これに対して、地下鉄の車内に乗り合わせた大勢の人員は、たとえそれがどれだけ多くの人員であったとしても、特定の目的も構造もないので組織ではない。野球場やコンサートホールに詰めかけた大勢の人々も同じ理由で組織ではない。ただし、特定の球団を応援するという目的を持ち、責任者がいる応援団は組織である。もちろんコンサートで演奏するバンドやオーケストラも組織である。

過去の社会に住んでいた人々と今日の人々の大きな違いの一つに、組織とのかかわり方の違いがある。今日の一般の人々の一日の生活を考えてみよう。朝起きる時には、時計会社という組織が作った目覚し時計の音で目覚める。電力会社が供給する電気で作動する、各家電メーカーが生産した家電製品のスイッチを入れる。ガス会社が供給するガスで朝食を調理する。パンを食べるのならば、パン会社が関係するが、パン会社は多数の組織から原料を仕入れている。米を食べるならば農協や精米会社。それらを購入したのは、近所の食品スーパーという組織である。そして、やはり多数の組織を経てきた衣服を着て家を出て、行政が管理する道路を歩き、鉄道会社が運営する電車に乗って通勤したり、自動車会社が生産した自動車で、石油会社が生産したガソリンを燃やして移動したりする。通勤、通学して行く先は、会社や学校という組織である。この人がスマートフォンでインターネットに接続した場合、そこにどれだけの組織が関係してくるのか、少し考えただけで気が遠くなってくる。

どれもこれも組織が関係している。組織から組織へ、生活に関係するあらゆるものが組織に由来している。現代の人間が生きることは、そのまま組織に関係し、組織のお世話になることなのである。一人が一日の生活を送るために、いったいどれだけの人々が関係しているのだろうか。数百万、数千万の人々が、たった一人の日常生活に関係している。まさにこれこそが、今日の社会で「組織」について考えることの出発点なのである。

昔の社会を考えてみると、まったく状況が異なっていたのに驚く。自給自足が生活の基本であった時代にも、組織は存在した。日本の江戸時代の例で考えると、まず将軍や諸大名による統治組織があった。さらに宗教組織があり、それぞれの村落にも組織があった。商品経済を担う行商人にも小規模な組織はあっただろう。ただし、村落の組織を除けば多くの人々にとって組織というのはそれほど生活に関係するものではなかった。特に高校の日本史の教科書に登場するような幕府や藩といった組織は、ごく限られた人々の組織であって、一般の人々が日常的に接するわけではない。宗教組織や商業組織にしても、大都市を除けばそれほど発達していたわけではない。

昔の社会で組織が果たしていた役割は、現代社会とは比較にならないほど小さかった。逆にいえば、過去の社会に比べて組織の影響力が圧倒的に大きくなった現代社会とはどのような社会なのか。組織についての歴史社会学は、まさにここに出発する。それは組織をめぐる過去と現在の違いを考えることで、現在を生きる人間の特性を明らかにすることに主眼を置く。

昔の社会で組織の代わりを果たしていたのは、多くの場合、家族であった。今日の社会で「家族」とは、両親と子供からなる核家族や、核家族に祖父母を加えた形態が一般的だが、昔の社会では大家族、あるいは複合家族（拡大家族）と呼ばれる形態が世界各地で見られた。古風な言い方をすれば、一族郎党、血統を同じくする大勢の人々が同じ場所に集まって自給自足の生活をする。家族は食糧生産集団でもあると同時に、防衛集団・戦闘集団でもある。出産や育児や教育も行い、家屋の建設や衣服の生産も行う。ただし、家族は組織ではない。なぜならば、家族には特定の目的がないからである。家族に目的があるとするならば、家族であり続けることである。言い換えれば、その存在自体を目的とする集団が家族だからである。この点は、農業生産を目的とした農園や治安を守る警察、軍事行動を行う軍隊、病院、衣料会社、学校や住宅会社といった、それぞれの目的を持った多種多様な組織と違っている。

このように考えてくると、昔の社会と現代の社会の違いが見えてくる。昔の社会では家族が担っていた多くの機能を、現代の社会は様々な組織が分担している。現代の視点からすれば、昔の社会は組織が未発達で、それだけに生活の質が低かった。このことは昔の社会で食生活や衣料品がどのように供給されていたのかと考えてみればよくわかる。逆に、「昔」に視点を置くならば、昔の家族が分解されることで現代の社会生活が成立しているのである。

ちなみに、これらの視点の違いは、社会についての考え方の違いとも関係する。社会生活が日々進歩していると考える立場からいえば、昔の生活は貧しくて不便であり、狭い人間関係に閉じ込められた不自由な生活であるということになる。この種の考えをする人々は、しばしば個人の自由や平等を最重視する。これに対して、過去の伝統的な社会にこそ正しい生き方、あるいは美風があったのだという立場から見れば、何もかも外部の組織に依存する現代の生活は堕落であり、親しい人間関係を失った孤独状態ということになる。こういう考えの人々は、しばしば家族の意義や集団の中での責任や役割を強調する。古くからの「革新（進歩派、左翼）」と「保守（伝統派、右翼）」の違いも、社会の変化と「家族」の位置付けを視野に入れると別の形で見えてくる。

もちろん、相手は人間である。人間が考えることだから、二分類で分かれるわけではないが、「革新」と「保守」の違いをナショナリズムや天皇制、平和主義やマルクス主義の側面から説明するよりも、「家族」の捉え方から説明する方が理解しやすい部分も多い。知識人はしばしば抽象的なイデオロギーの対立に夢中になりがちだが、多くの人々はもっと身近な次元で考えているからである。「家族をどう思うか」と問われれば、誰もが自分の立場を表明できる。しかも、抽象的なイデオロギー談義のおかげで見えなくなっていた側面が見えてくることもある。

血縁による家族のつながりを重視するのか、あるいは職能によって分化した組織に取り替えていくべきなのか。たとえば、老齢者介護の問題などを考えてみればいろいろな論点につながっていく。昔の社会でそうであったように家族が介護の主体となるべきなのか、それとも専門的な訓練を受けた専門家を擁する組織に任せるべきなのか。子供の教育を考えれば、家族に伝わる地域の伝統を守るべきなのか、全国均一の学校教育を最優先するべきなのか。まさにおびただしい問題に直面させられることになる。

福祉や教育をめぐる種々の議論も、家族と組織の関係を軸にして見直すと、また違った姿を現す。人間が生きる社会生活のあらゆる領域を組織に分担させるべきなのか、あるいは家族、家族と同じく特定の目的を欠いた集団である地域共同体に独自の役割を認めるべきなのか。言い換えれば、あらゆる業務の過程を明文化し、その対価を金銭で表示するのか、それとも「つきあい」や「しきたり」や「ならわし」の次元で、互いに「持ちつ持たれつ」の関係で暮らしていくのか。すべてを公開し、公平性を重視するのか、あるいは文章や数字に表せないものを重視するのか。

現代社会において、社会生活に対する組織の関与をどうするべきなのかという問いは、今後どうするべきなのかという問題につながっている。あらゆる活動を中央の計画・指令によって統御しようとする考えは、決してソビエト型の社会主義だけではなくて、今日「グローバル化」と呼ばれる現象の重要な側面でもある。世界中を同一の規格で統一し、異なった地域の異なった伝統の下に暮らしてきた人々に、同じような消費生活を広めるという発想の根底に同じ考えがある。観点を変えれば、グローバル化は、間違いなく組織の役割の増大を意味する。「グローバル化」という言葉が普及する前に、社会学者がよく使っていた「コカコーラ化」や「マクドナルド化」という言葉が、特定の多国籍企業（グローバル企業）の名前を冠していることは偶然ではない。世界中に拡大した巨大組織によってすべてを均質化しようとする動きは、飲料や食品の領域で先行したが、今日でははるかに多様な領域で均質化が進んでいる。昔の社会とはまったく異なった社会である。

2　軍隊、最大の組織

ここでは昔の社会と現代の社会では一般の人々と組織のかかわり方が違うことを論じてきた。江戸時代の日本で、特定の目的を持った組織に属して働いているのはかなり限られた人々であった。一般の人々の暮らしでは多くを家族に依存していた。こうした時代に代表的な組織は何よりも軍事組織であった。この意味で江戸時代の最高権力者の称号が「将軍」であったというのは意味深い。

軍隊、軍事組織の目的は戦争を行うことである。歴史社会学にとって何よりも重要なのは、軍事組織が戦争のあり方とともに大きく変わってきたことである。今日の人々にとって「戦争」という言葉が思い起こさせるのは、二度の世界大戦に代表される「総力戦」である。近代国家があらゆる手段を無制限に投入して行う戦争であり、政治は軍事最優先になり、しばしば軍人が最高権力者の地位に就く。経済も戦時経済となり、多くの経済活動は戦争遂行のために規制される。空前の軍需生産が行われ、対価は無制限に発行される戦時国債で賄われる。「軍国主義」というのは、しばしば特定の国の特定の時代を指す歴史用語になっているが、国民総動員の総力戦を戦う国は、どこも軍事最優先の軍国主義の性質を帯びる。

ただし、昔の戦争がどうであったのかというと、大きく異なっていた。昔の社会に暮らす人々にとっても戦争が大事件だったことには変わりがないが、まず戦争に従事する軍事組織がまったく違っていた。多くの地域で、戦争は特定の人物が自分の所有物で行っていた。国王、皇帝、封建貴族、将軍、大名などが、自分と臣下の所有する装備や人員によって戦闘を行っていた。このため所有する資源が底をつけばそれで戦争も終わらざるを得ない。どれほど勇猛な国王でも、軍事力が本当になくなってしまえば自分と関係者の生存も危うくなってしまうので、そうなる前に切り上げる。ようするに権力者（君主）の個人事業なのである。誤解されやすい比喩になるが、今日の家族経営による個人事業主の経営とそれほど変わらない。特定の業務に資金をすべてつぎ込んでしまい、それが失敗するならば生活までも破綻してしまう。しかも昔の人々は、今日の人々に比べてはるかに伝統や血統を重視する社会に暮らしていたのだから、祖先が長年にわたって築き上げてきた資産（領土や兵員や装備、そして名声）を損なうことはできるだけ避けようとする。

さらにいえば、古い時代の軍事組織は、それが「組織」であったのかという点でも難しい。それは権力者（君主）の家産、つまり家族の所有物であると見なすこともできるからである。ちょうど家族経営の零細企業が、会社という組織であると同時に家族の側面も持っているのと似ている。

これに対して近代以降の軍隊はまったく違う。近代の軍隊は目的と構造がはっきりとした組織である。そもそも軍隊に属する軍人は戦争の専門家であり、他の仕事はしない。明文化された階層構造があり、指揮系統も厳格に決められている。組織に属する人員（軍人、兵士）は組織の業務と私生活を完全に区別しており、しかも業務で用いる機材（武器、建物、車両、制服など）は基本的に私有しない。このことは昔のサムライや騎士からなる軍隊が武器を自弁していたことと異なっている。逆にいえば、近代の軍隊というのはすべて他人の持ち物で戦争を行う組織なのである。

近代の軍隊が生まれる最大の転機はフランス革命であった。フランス革命に続くナポレオン一世の軍隊は、徴兵制に基づく国民軍であり、従来の貴族による軍隊を圧倒し、ヨーロッパの戦争を根底から変えた。今日でも古典としていろいろな分野で読まれている『戦争論』（一八三二年）の著者カール・フォン・クラウゼヴィッツ（一七八〇〜一八三一年）は、ナポレオンのフランス軍に敗れた経験を持つプロイセンの軍人であった。ナポレオンの軍隊を徹底的に研究した成果が『戦争論』である。

フランス革命とナポレオンがもたらした近代の軍隊は、その後の戦争のあり方を根底から変える。軍隊は貴族軍から国民軍となり、戦争をすることを明確な目的とする巨大な組織となる。徴兵制が敷かれるのに応じて教育も整備される。軍隊と学校が多くの共通性を持っているのは偶然ではない。命令伝達のための識字率の向上に、時間や業務の厳格化や規律化、そして軍服に類似の制服、そしてスポーツを介した集団行動の重視など、今日でも世界中の学校に見られる特徴は、軍隊の目的を意識して生まれてきたものである。

経済に教育に、種々の社会制度に、軍事を目的とする制度が最大限の発達を遂げたきっかけは、いうまでもなく二度の世界大戦であった。世界大戦は、各国の国家全体を一つの組織とする壮大な実験であったとも考えることができる。

ただし、戦争以外の分野でも軍隊は「組織」の見本としての役割を果たしている。現に、今日でも特に途上国にあっては、軍隊は国内最大の組織であり、最大の公共機関であり、最も高い社会的威信を誇っている。しかも年々軍隊は大きくなっていく傾向を持っている。そのうえ、軍隊は他の多くの組織の手本として学習されている。たとえば、マックス・ウェーバーが提唱した「官僚制」という概念の起源も事実上軍隊である。このことは二〇世紀初頭のヨーロッパには、カトリック教会を除けば各国の軍隊よりも大きな組織がなかったことを考えれば当然である。

興味深いのは、軍隊から学んだ他の大きな組織の成果が、逆に軍隊の組織の強化や効率化に影響を与えることである。学校や官僚機構は明らかに軍隊に倣って構造化されているが、軍隊自体もまた学校や官僚機構を内部に取り込んで成長していく。そして、これが循環していくことで各国の軍隊は巨大化し続ける。ナポレオン以降の軍隊の歴史は拡大強化の歴史なのである。

3　組織自体が目的になる

ただし、社会学で組織を論じる場合、特定の組織自体の拡大や効率化に主眼を置くことは少ない。むしろ、組織が持っている負の側面を明らかにすることが社会学の関心の中心にあった。社会学者の考えがしばしば種々の組織の利益と対立するのはこのためである。

組織をめぐる負の側面とは、一言でいえば、組織の自己目的化である。組織は本来特定の目的のために存在するのだが、大きくなった組織や古くから続いてきた組織は、しばしば組織自体が強化され、拡大していくことを目的とするようになる。他方で、当初の目的自体は二次的なものになってしまう。

いろいろなところで目にする「組織改革」の問題もここにある。数十年前に作られた組織の目的が時代の状況に合わなくなってしまい、解散の危機に直面すると、その組織の中で長年働いてきた人々は自分たちの職場を守ろうといろいろなことを考える。職場がなくなってしまっては、そこに属していた人々の社会的な地位（アイデンティティ）が奪われてしまうからである。もちろん、収入がなくなればそれまでの生活を維持できない。たとえ無用になっていても、組織の存続を守ることは、当人たちにとっては合理的な行動である。もちろん、あらゆる人々の属する組織をそのまま守っていくことなどできない。その本来の目的を失った組織を維持していくための費用を他の組織や一般の人々が負担させられることになるからである。たとえば無用な公的機関を維持するのは一般の納税者である。

ただし、世の中に存在する無用な組織と有用な組織がはっきりと分かれるわけではない。別の言い方をすれば、ある組織に敵対する人々が大声で言い募るほどに無用な組織などというのはそうあるものではない。そのように誰の目にも無用が明らかなような組織は、とっくに解散させられているか、吸収されてしまっているだろう。「〇〇改革」と呼ばれるものは、多くの場合、特定の利害関係に基づいて、ある組織を縮小し、その代わりに別の組織を拡大することなのである。

さらにいえば、民間企業の場合も創業当初の「目的」と現在の業務が異なっているというのもよくあることである。よく知られている例をあげれば、カネボウは今では化粧品の会社であるが、元の名前は「鐘淵紡績」という紡績会社であった。紡績会社が製造した糸を布に織る織機を製造していた豊田自動織機は、今では小型車やフォークリフトを製造している。これらの例は、日本の産業構造の主軸が繊維産業から機械工業へ移動した歴史的な背景と密接に関係している。紡績や織機の生産が海外に移動し、国内産業が衰退すると、それらに従事していた組織は、別の業態を探して生き残りを図る。紡績会社が食品や化粧品に移動する。豊田自動織機の場合はもっと劇的で、社内の自動車部門が独立してトヨタ自動車になり、逆に元の親会社を維持している。もちろんこれらの例は、組織転換がかなりうまくいった場合であり、うまくいかなかった多くの組織は消えていったわけである。

大勢の人員からなる組織は、当然いろいろな利害関係を抱えており、特定の人員にとって有利なことが、別の人々にとっては不利になるというのは、むしろ当然である。紡績会社が化粧品会社に変わる過程では、長年紡績に従事してきた人員を減らしたり配置転換をしたりして、新たな業務である化粧品に従事する人員を増やさなければならない。そんなことが簡単にできるはずはないことは、何らかの組織で仕事をした人ならばすぐに想像できるはずである。そもそも組織は分業で成り立っている。全員が同じ仕事をしていたのでは組織ではない。他の仕事に早く転換できる仕事もあれば、そうではない部門もある。それぞれの業務ごとに利害があり、誰もが自分がやっている仕事を有意義だと考えるのは自然なことだからである。

もちろん、ここでいう利害関係には、社会学者自身の置かれている社会的な関係も含まれる。社会学者自身も真空の空間に浮かんでいるわけでも、上空数千メートルから地上を眺めているわけでもない。社会学卒業した学校組織や現在属している研究・教育機関（大学など）、さらには学会などの組織に属しており、それぞれの組織が発展し、社会的評価が高まることを望んでいるし、組織内での自らの立場を強化したいと考えているのはごく自然なことである。大学の教員をしている社会学者は、自分が勤めている大学が廃止されることを絶対に望んでいないし、大学という社会的な制度が衰退することも、多くの場合、望んではいない。そして、社会学は本来、原理的に、このような自己言及性を拒否することができない。この点が、他の多くの社会科学と社会学の違いでもある。社会学の特性の一つに自己言及性がある。ようするに社会学自体を社会学が研究することを避けることはできないのである。

問題は深いところにつながっている。そもそも、社会学は特定の研究領域と特定の目的を持たない学問である。それは社会学が経済学や法律学や政治学といった古くからの社会科学に遅れて登場した学問であることと関係している。多くの社会科学は、独自の領域を持っている。法律学の対象は法律であり、経済学が研究するのは経済である。それに当たるものが社会学にあるのかといえば、ない。「法律」も「経済」も社会の一部であり、その意味では社会学の対象となりうる。同じ問題を別々の学問が扱ってどうするのか。同じ問題を同じように研究するならば、法律学や経済学で十分である。すると法律学や経済学にはない社会学の独自性がなければならない。

まさにそれこそが、社会学の自己言及性なのである。つまり、研究者自身も含めた「社会」を視野に入れることで、社会学は独自の視点を獲得する。「社会学の社会学」という研究分野が社会学にあるように、社会学はそれ自身を視野に入れて研究する。自分自身が毎日送っている社会生活そのものが社会学の研究対象だからである。さらにいえば、自分が暮らす社会のあり方を明らかにすることこそが社会学の課題なのである。

言い換えれば、社会学の問題は、常に自分自身の問題として返ってくる。社会学者は自分が送っている社会生活について常に考えていなければならない。

4 パワー・エリート

社会学はしばしば組織の負の側面を強調しがちだが、現代社会は組織なしには考えられない。昔の社会では、一般の人々は組織とあまり関係のない生活を送っていた。今日の社会で、組織のお世話にならないで生活することは、かなりの実力を必要とする。自分の設計で家を建て、自宅の広大な家庭菜園で穫れた野菜や穀物だけを食べ、自分で釣ってきた魚を調理できる人物は、かなりの教養を持った富裕者である。これに対して、公営住宅に住み、ファーストフードを食べ、ショッピングセンターで買い物をするといった生活をすることは、最も負担の少ない生活である。生活のいろいろな面を組織任せにすればするほど、現代の生活ではいろいろな負担が減っていく。逆に、自弁しようとすれば膨大な負担を覚悟しなければならない。このことは、ハンバーガーを買って食べることと、牛肉を生産するために自宅で肉牛を飼い、食肉に処理する手間を比較すればすぐにわかる。

歴史社会学の視点で組織を考えることは、過去の社会に住んでいた人々と今日の人々が、まったく異なった形でいろいろな組織と接していることを明らかにすることであった。それは、過去とは異なった形で組織と接するようになった人々が、どのような形で政治や権力と接しているのかという問題にもつながっている。過去の社会を代表する組織は権力組織（軍事組織）であったが、今日の人々はどのような形で権力に関係しているのか。あるいは、権力をめぐる組織はどのように人々に関係しているのか。

政治や権力は、通常の場合、政治学の研究領域である。社会学が政治や権力を論じる場合、政治学とは異なった視点が必要となる。政治学がしばしば政治家（権力者）個人に焦点を当てるのに対し、社会学は政治家が政治を行い、権力を行使することを可能にしている組織を問題にする。それは現代の人々が日々接している様々な組織が様々な形で強いてくる強制を理解することでもある。

それでは組織が権力をふるうというのはどういうことなのか。先に定義したように、組織には構造がある。つまり会社には社長がおり、自治体には市長や町長がいる。政権には大統領や首相がいる。軍隊には総司令官がいる。それではこの種の最高権力者は、自分の組織を自由自在、意のままに操ることができるのだろうか。歴史では「独裁」や「独裁者」という言葉をしばしば目にするが、有名な独裁者は、何もかも気の向くままに一人で決定していたのか。関係するあらゆる人々は、独裁者のあらゆる要求に従っていたのか。

この問題は、おそらく組織だけにとどまらず、社会学全体にとって決定的に重要な課題に直結している。課題とは、人々が互いにどのようにして日々刻々社会を作り出しているのかを明らかにすることである。

ここで視点を変えて論じると、人間が組織と対面する場合、少なくとも二つの次元が区別される。一つは「国家」「軍隊」「会社」といった抽象的な概念に基づく組織と個々人の関係である。そして、もう一つは、それぞれの人々が日常で具体的な現場で接する「組織」である。一方は、会ったこともない無数の人々からなる巨大な組織のイメージであり、個人の行為がどのような結果をもたらすのかは簡単に想像できない。すべては果てしなく続く関係の網目であり、この結果、しばしば人々は無責任な行動をとる。自分一人くらい勝手に行動しても全体には影響がないだろうと考えるからである。現に、この種の推測は多くの場合当たるので、無責任な行動は繰り返される傾向にある。

これに対して、常に対面関係で行われる組織とのかかわりは、はるかに具体的で、しかも日常的である。そこに登場するのは実在の人物たちであり、それぞれの組織の一員であるそれぞれの人が、互いに影響を与え合っている。個別の対面行為は、すべてそれぞれの個人の責任にかかわってくる。顔見知りの店員のいる商店で不正をすることは、具体的な人間関係に打撃を与える。しばしばいわれる「顔の見える関係」とはこのことである。組織についての考えも個人の関係に出発する。「△△会社の○○が××の時、親切にしてくれた」「○○の窓口の係員の態度が横柄である」というわけで、個々の人物が想定される形で組織が語られる。

両者の違いは大きい。一方は抽象的な概念として組織を捉え、他方は具体的な人間関係で考えようとする。通常の社会科学では、前者が絶対的な多数派、正統派である。とりわけ科学的な分析を標榜する社会科学者の場合は、実証的な手続きで確固とした実在としての社会を明らかにしようとする。このため、個々人の勝手な印象や思い込みに左右されやすい個別の人間関係は度外視され、できるだけ規模の大きな調査によって特定の社会で長期的に不変の要因を数値として表現することを目指す。

ただし、この種の研究には、日常生活を送る人から切り離された巨大な「社会」を想定する傾向がある。巨大で、多くの人々の意図とは無関係に独自の動きをする「社会」。果たしてそんなものが実在するのか。たとえば、個々人の意思を超越した「国家」や「民族」というのは実在なのか。この種の考えに基づくと、組織というのも巨大で見渡しがたい抽象的な存在として理解される。

しかし、それは本当なのだろうか。そんな実在があるのならば、いったいどこにあるのか。そんなものがありえないことは、少し考えてみればわかる。「社会」というのは、どう考えても無数の人間が互いに生み出しているものである。仮に地球上の人間がすべて消滅したならば、社会も存在できない。人間なしに社会はありえない。当たり前のことである。

ただし、社会を生み出している無数の人々の中には、より多くの人々に影響を与える人々がいる。百万都市の市長は、市役所の一係員よりも、個人営業の商店主よりもはるかに大きな影響を与える。これはまた当たり前なのだが、なぜなのか。誰も異論のない常識でも、あえて「なぜ」と問うと簡単には答えられない。なぜ特定の人物の命令や意向に多くの人々が従うのか。なぜそれ以外の人々には従わないのか。すると、巨大な組織を動かす人々、無数の人員を動かす少数の人々の存在が重要になってくる。

アメリカの社会学者チャールズ・ライト・ミルズ（一九一六～六二年）の『パワー・エリート』（一九五六年）は、様々な組織が相互的に作り出す権力構造を浮き彫りにした名著である。ここで語られるのは、金持ちが貧乏人を支配するといった単純な図式ではなくて、無数の人員からなる組織を支配する原理である。ミルズがこの本を書いた一九五〇年代のアメリカは、アイゼンハワー政権下、いわゆる「黄金の五〇年代」と呼ばれる繁栄期に当たる。自由民主主義を国是とするこの国は、誰もが成功すれば社会的に上昇できるという考えが共有されてきた。ところが実際には各界を股にかけた有力者たちのネットワークができあがっており、中流層以下の人々がそこに加入する道はひどく限られているというのである。

社会が複雑化し、様々な大組織が生活にかかわるようになってくると、大きな組織を維持するための人員の割合もまた大きくなっていく。組織は特定の目的のために構造化された人間の集団だが、目的を実現するためには、まず組織が維持されなければならない。膨大な社員の結束力や求心力を高めるために、カリスマ的な創業者の子孫が社長に就任したり、あるいは産業界と官僚世界の橋渡し役として有名政治家の血縁者が重用されたりする。つまり組織そのものの元来の目的とは関係のない人員が重要な役割を果たすようになるのである。

そのうえ、多くの人間にはしばしば共通した思考様式が見られる。たとえば、成り上がりの金持ちや学歴エリートには嫉妬して足を引っ張ろうとする一方で、名門の御曹司には素朴に頭を下げる傾向がある。天下り官僚が転職を繰り返して退職金を何度ももらうのには怒り狂うメディアが、有名政治家の子弟が政界入りするとなると諸手をあげて褒め称える。冷静になって考えてみれば、成り上がり者や学歴エリートは、一般の人々にも機会と幸運と能力や努力があれば接近可能な存在のはずである。大金を稼いだり、評価の高い特殊技能（職能）を身に付けることは、特定の家系に生まれることに比べれば、はるかに当人の能力に依存するからである。接近可能な成り上がり者や学歴エリートの足を引っ張ることは、全体として見れば自分たちの可能性をつぶすことである。これに対して生まれた時から高い地位にある人々を褒め称えることは、彼らが親から相続した権威を固定することでしかない。多くの人間が共通して持っているこういった傾向が、社会階層の固定化にどれだけ大きな役割を果たしてきたのかは真剣に考えるに値するだろう。

そして、歴史社会学的に考えるならば、古い時代の身分制社会に暮らしていた人々は、ほぼ全面的にこの種の思考をしていたと考えることができる。王侯貴族に将軍大名、そして世襲による底辺までの身分秩序。どれも生まれた血統や家柄による秩序であって、自分が生まれた身分から多少なりとも離れようとするならば、宗教界や限られた職能（商人や学者や医者など）に向かうほかはなかった。そもそも、昔の社会で見られた組織は、「宮廷」にせよ「幕府」にせよ、それらの権力に結び付いた宗教にせよ、ほとんどすべて世襲によって成り立っていた組織であった。

逆にいえば、この種の世襲秩序を、「本来的でないもの」、あるいは「組織の不当な私物化」と見なす考え方が生まれてきたことは、人間の歴史においてかなり特殊なことであると考えることもできる。逆にいえば、自分の実力で自己実現するといった考えは、昔の身分社会では決して主流の価値観ではなかったのである。それは、ごくごく近代的な価値観であり、近代の職能社会を特徴付けているともいえる。他方で、古くからの身分社会の考え方が今日の人々の思考をも縛っているわけである。

このように考えるならば、「パワー・エリート」の問題は、まさに「組織」をめぐって変化してきた新旧の思考様式の争いと理解することもできるのである。

第3章 ● 戦争と社会の組織化

1　戦時動員体制という社会

二〇世紀、組織は大きなことを成し遂げる。逆にいえば、大きなことを成し遂げるには組織でなければならない。ともかく何でも重要なのは組織である。その結果、人間が暮らす社会生活にとって重要なのはすべて組織で、組織に関係のない生活は重要ではないという考え方が生まれることになった。

組織はおそらく社会学にとって最も大切なテーマなのだが、それだけその時代ごとの主流派の方法の影響を受けやすい。とりわけ二〇世紀では「システム論」の流れを汲む組織論が大きな力を持つようになった。システム論は人間が作り出している社会を巨大な組織として考えようとする。しかも巨大な組織は特定の目的を持った機械と見なされる。その結果、システム論で考えない組織論は、ひどく見当外れな、素人くさい仕事のように見られるようになってしまった。

ただし、組織には「歴史」という視点から接近することもできる。歴史社会学は、二〇世紀に生まれた巨大組織が人間の社会、そして人間の生き方に与えてきた影響を考えるべきである。二度の世界大戦が今日の社会に対して残しているのは、無数の人員を統御する巨大組織である。

古来、戦争というのは人間が組織を作って行ってきた代表的な事業であったのだが、二〇世紀の二度の大戦は、人間の組織が究極の形をとった歴史であったといえる。とりわけ第二次世界大戦を戦った各国の軍隊の規模は、いまだに史上最大のままである。百万の単位の人員が戦争に勝利するという目的のために編成され、おびただしい人命の犠牲を伴った。体験した人々にとっては、他の何ものにも勝る印象を残すできごとが「戦争」だった。

そして、世界大戦によって完成した巨大組織は、それこそが最も完全な「社会」なのであるという考えを広めることになる。とりわけその傾向が著しかったのが、第二次世界大戦に最終勝利したアメリカ合衆国とソビエト連邦だった。そして、アメリカがアメリカ流のシステム論を世界に広め、ソビエトはソビエト流の社会主義こそが最も優れた社会制度なのだと世界中に宣伝し、各々大きな成果をあげた。

組織について問う社会学が、一時期アメリカ流のシステム論に支配されたことは二〇世紀の歴史で考えれば、ごく自然なことだったのだろう。アメリカは戦争に勝った超大国であり、超大国を実現したのは、まさにアメリカのシステム論、つまり巨大な組織の論理だったのだと、当時の人々は考えたのである。

それはまさしく時代の学問なのであった。第二次世界大戦の戦勝国の人々は、国家のために役に立つことが最優先であると感じるようになった。たとえ個人としては損害を受けるとしても、巨大な組織こそが真の主体であり、目的なのだと見なされてきたのである。それはまさに軍隊的な思考であって、大きな組織に属する人々が、自ら全体のために自己犠牲的に奉仕することこそが重要であると考える価値観に基づいているのである。現に、第二次世界大戦に敗れた国々の人々も、戦勝国に由来する戦時動員体制の論理を自ら進んで受け入れてきた。自国の敗北した「軍国主義」は無条件に悪であっても、勝った側の体制は、これまた無条件に肯定されたのである。

この問題は、通常の場合にはなかなか目に付かない。なぜならば、いろいろな形でそれがあまりにも自明視されているからである。また、軍隊に出発する大きな組織は、現に大きな成果をあげてきたからでもある。大きな成果のためには、小さな犠牲は当然であるというのが、価値基準である。そして、この種の基準に基づいて社会の多くの問題が問われるようになってきた。

2　「日本人」論と組織

巨大な組織の原理は、それぞれの社会において決定的な強みを持っている。それは、各々の社会のナショナリズムと容易に結び付いている点である。私は以前、第二次世界大戦の後、いわゆる「戦後」の日本で広く普及した「日本人論」についていろいろ検討してきた。それらの中で実感したのは、戦時の日本社会での軍事動員が、その後も「日本らしさ」や「日本人の本質」として多くの人々に広く受け入れられていたことである。

最も典型的な例でいえば、日本式の野球は、しばしば「野球道」と呼ばれ、集団に対する各々の献身こそが日本的な特性とされてきた。これに対して、アメリカの野球選手は、あくまで個人主義で、チームへの献身などは例外なのだというわけである。これはまさに、「日本人は集団主義で、アメリカ人は個人主義」という戦後の日本人論の定番の結論である。

しかし、少し突き放して考えてみると、野球というのはアメリカ由来のスポーツであり、日本古来の伝統とは何の関係もない。そして、集団への奉仕を強調しやすい「球技」「ボールゲーム」というのは、主にイギリスやアメリカを発祥の地とするのである。そもそも野球はアメリカ人が、個人が集団に献身することを身に付けさせるという教育的な意味を持つスポーツとして考案されている。すべてが全員の協力関係によって成り立っている複雑な競技の性質からして当然である。集団が「チームワーク」によって一体化しなければ野球では勝てないからである。

それに対して、日本の古来の武道はすべて個人の修行を意図するものばかりである。剣道も柔道も、それ以外も、基本はすべて個人単位の競技であり、むしろ西洋由来の集団性を導入するために、剣道や柔道のように「団体戦」をあえて行っているくらいである。集団（団体）での勝負をあえて介在させることによって、本来個人の競技であるはずの武道に、野球のような集団志向を取り入れている。

このように考えていくと、「戦後」の日本の日本人論が、いかに「日本」と「日本人」を集団志向化しようとしていたのかが見えてくるし、著者たちの努力の跡が印象的に思われるようになってくるのである。種明かしをすれば、この種の人々の大半は第二次世界大戦の世代であり、自分たちの従軍体験を、そのまま「日本人」や「日本社会」の特性として論じているのである。

多少変則的な例をあげれば、「京都のサル学」で名をあげた人々は、サル山のニホンザルの群れにすら「日本」を読み込もうとしていて、「大将」のサルや、「下士官」のサル、「一等兵」や「二等兵」のサルというのが登場して、まさに軍隊そのものといった様子で秩序立った活動をすると主張する。日本列島に住んでいると、サルですらやはり「日本的」なのだというわけで、個人主義的な「欧米」の社会とはまったく違うのだという話になるのである。そして、いつの間にか話がサルから離れて、当人たちの戦争思い出話に花が咲きはじめる、といった展開に毎度向かう。

まさに典型的な軍事社会の住民たちなのだが、彼らの思い出話と、「日本」や「日本の伝統」や「日本人」が同一視される必要はないだろう。しかも、この種の戦争帰りの人々は、なぜか元敵であったアメリカ製のプロパガンダまで輸入してしまう。ルース・ベネディクト（一八八七〜一九四八年）の『菊と刀』（一九四六年）のような本が、アメリカ国内向けのプロパガンダとして、敵である日本人を集団志向として描き、反面で、軍事動員で集団化されているアメリカ人を個人主義であると強弁することに目的があったことは明らかである。現実には巨大軍隊を構成する数字として扱われているアメリカ人たちに向かって、自分たちの国は個性を持たない集団志向人間からなる敵と戦っており、これは個人の自由を守るための戦いなのだと宣伝していた。もしも戦いに敗れるようなことがあれば、無個性な日本人と同じくアメリカ人も自由を奪われた奴隷にされてしまうぞ、というわけである。

面白いのは、この種のアメリカのプロパガンダが、日本で読み替えられて、集団志向で無個性であることこそが日本人の特性なのだと、多くの人々が真顔で主張しはじめたことである。元来は敵の負の側面を強調して描くカリカチュア、戯画化であったのだが、「戦後」の軍隊帰りの人々にとっては、むしろ積極的に肯定するべき自画像に変わってしまったのである。そして、日本人は機械の部品のように無個性で、しかも全体のために無条件に奉仕するのだと主張されるようになった。

もちろん、これは西洋人は自由人で、東洋人は不自由な奴隷という古い時代から西洋由来の古い偏見の焼き直しであり、人類学や社会学といった社会科学の言葉で偏見を言い換えたものでしかない。しかし、そこに圧倒的な国力差による敗戦という現実と合わさって突き付けられると、まるで不可避の宿命であるかのように思われてくるのだろう。現に、「戦争帰り」の日本人は、まさに「日本」そのものと教え込まれた軍隊で、機械の部品のように扱われ、しかも全体に対する無条件の奉仕や献身を入念に教育されていたのである。

しかしその一方で、アメリカの戦時動員の下で、「戦時情報局ＯＷＩ」で仕事をしていたベネディクト自身が、個性や自由を発揮できる人物だったのかといえば、これは難しい。そもそもＣＩＡの前身である戦時情報局はおびただしい数の人員が匿名で対敵研究を行う機関であり、ベネディクト自身がその一員として、小さな研究単位の責任者をやっていたにすぎない。しかも『菊と刀』が公刊されたのは一九四六年であって、日本が敗れた翌年、つまりこれから日本を占領しに行くアメリカ軍人のための日本紹介がこの本の意図なのである。自分もまた巨大な戦争組織の一員でしかない人物が、強力な敵を「不自由で集団志向の東洋人」として描いたわけである。それは、若干の深読みをするならば、自らの不自由で無個性な状態を、「敵」に向かって投影した「アンチ・ユートピア」だったといえるのかもしれない。

しかし、結果としてベネディクトの「アンチ・ユートピア」は、なぜか日本のナショナリズムのユートピアと化してしまい、日本人たるもの個性などあってはならない、個人主義は日本人ではないという教説に化けてしまったのである。これは、まさに笑えないユーモアである。

ただし、その一方で総動員の下での「軍隊」が組織の理想として人々に認識されるならば、そんな組織に属する人々が自ら機械のよき部品として機能しようとすることは自然なことなのかもしれない。ただし、その種の組織に属しているわけではない人々や、その種の組織の価値観を共有しているわけではない人々にとっては、やはり違和感のある考えであるといわなければならない。

3　敵を作り出す組織

巨大な組織の欠点は、しばしば他者に投影される。マルクス主義者にとっての「資本主義」や、ベネディクトにとっての「日本人」がその例である。自分たちは幸いに免れているが、「敵」は不幸な状態に陥っており、いずれ自滅する。搾取を免れた労働者や自由で個性を尊重するアメリカ人は、悲惨な資本主義下の労働者や集団主義で個性のない日本人を解放し、教え導かなければならないと考えるわけである。

しかし、そんな考えは間違っている。軍事組織に代表されるような巨大組織が人間を数字として扱い、果てしなく構築された分業体制によって、各々の人々は自分がやっていることの意味がわからなくなってしまう。細かく分割された仕事に従事する無数の人々は、互いに切り離され、他の人々のやっていることの意味について考える必要がないからである。第二次世界大戦を戦った日本もアメリカも、それまでにはありえなかったような巨大な戦時動員体制の下で、無数の人々が分業によって働いていたのである。ただし、総動員体制が、その成員に向かって自分たちの望ましい価値を強調したがるのは、逆にいうとそのような巨大な「システム」を維持していくのに必要な「機能」に関係しているのかもしれない。そのためには、自分たちの現状の困難を、当面の敵に投影するわけである。そして、困難な現状が敵を倒すことによって改善されると主張するか、あるいは不幸な状況にある敵よりもまだましであると仲間に納得させるわけである。

二〇世紀の世界はこの種の敵対プロパガンダが完備する時代であった。巨大な組織は、それぞれを構成する無数の人員を統合し、一致して命令のままに動くことによって巨大な成果を成し遂げる。そのためには、「敵」を作り出し、敵を通して自分たちの結果を確かなものにしていかなければならないのである。しかも、対抗する巨大組織が同じことをやってくるから、プロパガンダは相互的に激化する。

端的にいえば、第二次世界大戦の中でも太平洋戦争がそれまでの戦争に比べてあれほど激化したのは、日本とアメリカの両方が、互いによく似た形で戦時動員を達成していたからである。そして、インドシナ半島問題や満州国問題といった、とりわけアメリカにとっては大して重要ではない問題で始まった戦争が、どんどん激化し、アメリカ側の犠牲者だけで数十万人、日本側に至っては数百万人の死者をもたらし、原子爆弾まで投下されることになった。冷静に考えてみれば、なぜこんなことになるのか理解困難なのだが、日本とアメリカの両方が、総動員体制に成功したからこそ、あの結果につながってしまったのである。

私の考えでは、組織について考える歴史社会学は、二〇世紀に完備していたプロパガンダを清算する知的作業でもある。それは巨大組織がもたらした独特の知のあり方を根底から問い直すことでもある。そして、プロパガンダによって見えにくくなっている問題を、別の視点から再考することによって明らかにするのである。

そのために、二〇世紀の戦争や二〇世紀末に消滅したソビエト社会主義は、またとない素材となる。もちろん、それは専門的な歴史学が探索するのとは別の関心に基づかなければならない。専門史学は一次史料に基づいて事実を確定することに専ら関心を持つが、歴史社会学は過去の社会に由来する文化的な制約や社会的な制度を問題にする。

最もわかりやすいテーマについていえば、いわゆる「南京大虐殺」が、あったのか、なかったのか。あるいは、あったとすれば犠牲者は中国共産党政権がいうように三〇万人だったのか、それとも一〇万人だったのか、一万人だったのか、数千人だったのか、その他なのかを問うのが、専門史学である。また、その種の事実の確定のために新しい史料を探してくるのが、専門的な実証史学の仕事なのである。ただし、議論はいつまで経っても数字の問題に終始する。

これに対して、歴史社会学は、「南京大虐殺」というのが、戦時の体制にどのような影響を与え、そしてその後の社会に、どのような「制度」となって残ってきたのかを問い直す。ここで重要なのは、数字や規模やあったかなかったといった事実問題ではなくて、今日の社会生活にまで及んでいる影響の方なのである。

そして、誰が何のためにその種の「歴史」を用いているのか、そしてそうした使用が、どういう役割を果たしているのかを問題にするのである。歴史社会学が、いわゆる「イデオロギー」の問題にかかわらざるを得ないのは、このためである。むしろ歴史社会学はイデオロギー的な言説の成立条件について問い直すのである。

歴史社会学は、二〇世紀の巨大組織が生み出したプロパガンダとイデオロギーを、その根拠において別物に移し替えようとする。「南京大虐殺」の例でいえば、それを熱心に強調する人々は、中国共産党という巨大組織の目的のためにそれを利用している。それは、対日外交の「カード」であり、また国際競争において日本と争う場合の武器にもなるし、しかも自国内での権力の正当化、合理化の役にも立つとされてきた。そんなひどい行為をした日本軍を中国から追い出し、「対日勝利」したのは中国共産党なのだというのが、まさに建国以来の政権正当化プロパガンダなのである。

また、他方で「南京大虐殺」を否定しようとする人々や、犠牲者の数を少なく主張する人々は、日中戦争を戦っていた日本国と日本軍の利益に立とうとする。そして、「国の名誉」や「民族の尊厳」といった概念で考えようとする。まさにこの点が、同じ第二次世界大戦の敗戦でも、政体が完全崩壊したドイツと、そうでない日本の違いである。戦後ドイツ、つまりドイツ連邦共和国は、崩壊したナチス政権の全否定を国是とし、また巨大組織の目的の一つとしているのに対し、日本の場合は、敗北はしたが政体が継続する形で「戦後」を迎えているからである。

まさにここが、戦後日本の左翼が、「天皇の下で行われた戦争」について責任追及してきた点である。もちろん左翼は、ソビエト政権や中国共産党政権といった巨大組織の目的のために「戦争責任」を追及した。これに対して、「天皇の国家」という巨大組織を守ろうとする人々が必死に防戦していたわけである。まさに、「南京大虐殺」というのは巨大組織同士のプロパガンダ闘争そのものであったといってもよいだろう。

ただし、歴史社会学の視点から見ると、また別様にも見えてくる。仮に、「南京大虐殺」が事実としてあったとすると、それは決して少数の人々の行為ではない。まさに巨大組織としての日本軍の行為ということになる。すると、日本軍の過去の行為について問うことが、今日の人々にとっていったいどういう意味を持つのかという問題になる。

結論をいえば、「南京」には解決はない。なぜなら、それは互いに対立し合う巨大組織の目的にかかわっており、しかもそれぞれの組織が互いに自分たちの目的のために「南京」を必要としているからなのである。

ここに歴史学と歴史社会学の違いが見えてくる。「南京」の実在を問う歴史家は、当人の意識とは別に、事実上、それぞれの巨大組織の目的のために史料を探求している。これに対して、歴史社会学は、巨大組織が生まれた二〇世紀の戦争を問う。歴史学の立場から見れば、歴史社会学は、史実から組織や制度、そして文化へと問いをずらしてしまうともいえるだろう。

しかし、この「ずらし」は、互いに対立抗争を繰り返す組織そのものを視野に入れるための手続きでもある。この手続きによって、人々は、そもそも問題が解決不可能であることを知ることができる。そして、さらにいえば、それぞれの組織にとって、「解決」というのが必ずしも好ましくないのだということもわかってくる。組織は、しばしば結束のために対立を利用しているからである。

この点でも「南京大虐殺」というのは好例で、八〇年近く前の、当事者がいなくなってしまっているような「歴史」について、今の時代を生きる人々がいつまでも議論をし続けているのは、まさに自分たちの組織のためである。つまり、解決不能な問題を見つけて、それについて「敵」が感情的に反発することがあらかじめわかりきっていることを、あえて主張する。そして、いつもお決まりの反発を受けると、やはり既定の反撃をする。一連の毎度おなじみの反発関係は、ほとんどすべてわかりきっていることであって、何も新しいことはない。たとえ真面目な専門歴史家が「新史料」を発見したとしても、やはり毎度決まりきった反応が、多少派手になったり、下火になったりするだけのことなのである。

むしろ、「解決」されてしまったならば、各々の組織が困ってしまうのである。しかし各々の心配は無用で、何らかの決定的な証拠が見つかったとしても、各々がそれを認めなければ、それだけのことなのである。しかも、巨大な組織には通常の人々には考えが及ばないような仕事をする部門もあり、「決定的な証拠」を何もないところから作り出すくらいのことはやすやすとやってのけてしまう。そして、このことが、また対立する組織の反発を呼び起こす。

まさに組織の結束力の永久機関といった調子である。もちろん目的は各々の組織が維持されることであって、個別の問題などというのは手段であるにすぎないのである。

4　自らを作り出す組織

二〇世紀の戦争をきっかけとして生まれた巨大組織が、人間の歴史において画期的だったのは、それが特定の目的を持たないままで存続し、むしろ目的を作り出していることである。もちろん世界大戦を戦う軍隊の目的は戦争に勝つことであった。しかし、戦争が終わっても組織は存続して、組織が存続するための目的を作り出していく。巨大組織にとって目的というのは、組織そのものが作り出すものなのである。

事態の性格を知るためには、古い時代の組織論を復習しておかなくてはならない。たとえばマックス・ウェーバーは、組織を、目的を持った集団として定義した。目的があるから組織なのである。このことは企業や役所、学校や大学についても当てはまる。もちろん軍隊や警察も組織であり、目的を持っている。そして、目的を実現するための構造も備えていなければならない。構造という点では、軍隊や警察はまさに見事な構造物であり、まるで人間が作り出している機械のようであるとすらいえる。

そんな目的と構造を備えた組織には「疎外」という事態がつきまとう。それは目的と手段の転倒のことである。組織は特定の目的のために存在するのであり、手段として構造化されている。しかし、長い間組織を運営していると、次第に当初の目的が状況に合わなくなっていく。創業時の商品が売れなくなってしまった会社を考えればよい。また業務が時代遅れになってしまった役所の機関や財団を考えてもよい。そんな組織は、しばしば組織を維持していくことを目的とするようになる。つまり、手段であったはずの構造が目的になってしまうという転倒が生じるのであり、古くから「疎外」と呼ばれてきた状況が生じる。

しかし、世界大戦によって生まれた総力戦のための巨大組織の場合は、上記のような古典的な組織の概念とは別物になってしまっているのである。巨大であるがゆえに人員も多く、しかも特定の統御構造も判別しがたい。人々が巨大組織の個々の側面として認識できるのは、軍隊や軍事産業、テレビ局や新聞社、通信社、といった分野の個々の組織であって巨大組織の全体ではないのである。

総力戦が画期的なのは、まさにそれらの個別組織を国家と軍隊の下に結合してしまったことである。その結果、別々の組織が、おそらくそれぞれの組織の成員にもよくわからない形で連携して作動するように仕組まれているのである。そして、巨大組織の最大の機能は、まさに目的を自ら作り出すことなのである。

古くから大きな組織について論じられてきた「疎外」という問題は、この場合当てはまらない。なぜならば、巨大組織はすでに特定の目的を超越してしまっているからである。戦略論と呼ばれる分野を研究している人々は、しばしば「国益」という言葉を愛用する。「それが国益にかなうからだ」といった言い方で、各国の「当局」が探求する戦略の説明をする。しかし、肝心の「国益」も、それぞれ遂行する主体であるはずの「当局」――政権、軍、情報機関、秘密警察――も、一向に正体不明なのである。その種の研究書の語りでは、しばしば「国益」は非情で、あらゆる私情を排して冷酷に実行され、確保されるのだが、実際の各国の対外戦略は場当たり的で、しばしば変化し、しかも失敗が多い。

それは正体不明の万能人が、無知で無能な一般人を巧みに操って自分の思いのままにふるまっているかのようである。しかし、現実にはそんな人物はどこにもいないのである。何より重要なことは、その種のスパイ小説まがいの神秘主義と、実際の人間の社会を混同しないことである。戦略論の意義を強調する人々は、しばしばアメリカCIAの神業情報戦に感嘆するのだが、アメリカがベトナム戦争で陥った一九七〇年代の苦境を、なぜ「神業」の人々が救えなかったのかを説明することはない。それは、あくまでも語りの世界であり、現実感（リアリティ）の問題であって、現実そのものではないのである。

私の考えでは、この種の不都合が生じてしまう原因は、昔ながらの組織論の発想で今日の世界を股にかけている巨大組織について考えようとすることにある。組織にはきちんとした明確な目的があり、特定の人物が全体を掌握しており、その人物が考えたとおりに組織は動いているに違いないと考える昔ながらの習慣に従うならば、巨大組織にもそれらがなければならないと考えるのは自然だろう。

しかし、残念ながら二〇世紀に二度の世界大戦をきっかけとして生まれた巨大組織にはそのような目的もなければ、すべてを統御する中心人物もいないのである。このことは、太平洋戦争開戦時の日本の目的を考えればよくわかる。一九四一年一二月の時点で、「戦争」について特定の目的を明確に抱いており、日本国のあらゆる戦争資源を掌握していた人物など果たしていただろうか。当時、内閣総理大臣と陸軍大臣を兼任していた東条英機はとてもそのような人物ではなかったし、当人がそんな意思を持っていたともいえない。むしろ、場当たり的な対応を重ねていくうちに、一九四五年の八月を迎えたわけである。

ただし、戦争に破れた日本の事例を出すと、だから日本はだめなのだ、勝てる見込みもない戦争に突入した愚かな政治家のせいで国民が不幸になったのだといった形の話に向かってしまう。そして、いつも決まって登場するのは、勝利したアメリカやイギリスの首相の人格の高潔さや高い能力、政治家としての資質の高さについての、毎度毎度繰り返される褒め言葉である。あるいは、敗れたにせよ、ヒトラーのような特殊な人物が一貫して抱いていた野望を強調して、日本の権力者の無定見や無計画を、やはり非難するというのも、これまた毎度おなじみなのである。

ヨーロッパ史の分野では、「テイラー論争」というのがあった。イギリスの歴史家A・J・P・テイラー（一九〇六〜九〇年）が『第二次世界大戦の起源』を一九六一年に刊行し、いうならば「ヒトラー機会主義説」を提唱した。従来の定説にいわれたようなヒトラーの世界征服計画などというのはなくて、ヒトラーは単に従来のドイツの権力者と同じく、遅れてきた大国であるドイツの世界での地位向上のために行動していた。その時その時に可能なことをやっていたにすぎないと主張した。そして、ヒトラーに帰されている侵略国家的な意図は、イギリス外交の失敗をごまかすための誇大化でしかないと指摘した。

テイラーの指摘は、専門史家の間ではとんでもない異論、歴史修正主義の典型として非難を浴びたが、歴史社会学、つまり社会学の立場から考えるならば、それほど極端な異説でもなければ、不自然でもない。そもそもミュンヘン一揆の投獄中に口述した『わが闘争』（一九二五年）にスラブ民族の征服と支配が主張されているとはいえ、そのことをもってただちにヒトラーはその後の生涯のすべてにわたって世界征服を企んでいて、着々と手を打っていたのだと考えることは不自然である。また仮に当人がその種の考えを抱いていたとしても、急拡大するナチ党とドイツ国家、そして総動員された戦時動員体制のすべてを、その種の目的に捧げていたのだと考えることはなおさら難しい。むしろ、それはヒトラーを過大に評価しており、一種のヒトラー伝説と見なすべきものである。

現実の社会では、英雄伝説や文学作品、名経営者の創業物語とは異なって散文的であり、はるかに場当たり的で、機会主義が幅をきかせているのである。どんなに優れた人物でも、どれだけ資質に恵まれ、どれほどカリスマ性に富んでいたとしても、当初の計画のとおり社会を操れるほど現実は甘くない。そもそも、あらゆる権力者は自分の「計画」を実現したいと考えており、そのために他人の機会を奪おうとしている。そんな他者との間で無数の好都合が重なってようやく権力を手にし、しかも数々の困難を克服してそれを維持する。とりわけヒトラーのような下層出身者が、「独裁者」の地位にたどり着くなどということは、まさに場当たり的な試行錯誤の結果としてしか考えられないのである。

ヒトラーに加担した側でいえば、問題は反ユダヤ主義言説についても同じである。反ユダヤ主義者によると、ユダヤ人は一致団結して陰謀を企んでおり、世界中の富豪の資金によってあらゆる手段を使用して世界征服を企んでいるとされる。しかし、そんなことができるような人々が、なぜヒトラー政権の下で収容所に入れられ、ガス室で死ぬことになってしまったのか。そんなに優秀で実力があるのならば、もっと有利に立ち回ることができたのではないか。ヒトラーに代表される反ユダヤ主義者も、この意味で「ユダヤ人」を過大評価していたわけである。

ヒトラーもチャーチルもルーズヴェルトも、スターリンもムッソリーニや東条も、第二次世界大戦で成立した巨大軍事組織をあらかじめ計画していたわけではないし、それを自分の意図のままに自由に動かしていたわけでもない。「独裁者」という言葉を、人は比較的気軽に使うが、それは歴史家や文学者が、組織の経営者として経験の乏しい人々であることの結果と考えられる。ジャーナリストについても同じことがいえるだろう。

人々が暮らす「社会」を自分の思いのままに支配することができる人間など、どこにもいなかったし、現在もいないし、今後も出現しないのである。

「社会」についての語りは、しばしばその社会を作り出していくのだが、歴史家や文学者というのは、まさに「語り」の専門家であって、自らの語りによって自分が住んでいる社会に影響を及ぼそうと願ってきた。その種の語りにおいて何よりも重要なのは、自ら社会と歴史を作り出していこうとする意欲なのである。そして、意欲によって人々は自分の意のままの社会を作り出そうとする。

組織についての歴史社会学が問うのがまさにこの点なのである。そこで何よりも役に立つのが、社会学的想像力である。社会学が現代の社会について考えるうえで得てきた経験を、過去の社会について当てはめて考えていくことで、歴史家たちが長年継承してきた伝説を問い直すことができる。最もわかりやすい例は、昔の戦争に参加した兵士の数であろう。歴史家というのは基本的に同時代の文献を基にして仕事をするので、文献に出てくる膨大な数字をそのまま受け入れていることがある。しかし、過去の社会の生産性や軍事組織の性格からして、そんな人数が不可能であると判断するのは社会学なのである。

歴史家や文学者が各々の語りによって社会を作り出していくのに対し、歴史社会学者は別の形の語りを対置しようとする。それは組織について語る場合についてもいえることである。

組織はまさに社会学にとっての得意分野であり、経営学などとは異なった視点ではあるが熱心に研究してきた。経営学が経営者の視点で考えるのに対し、社会学は社会の構造について問う。そして、経営学と社会学が一致する点は、組織は刻々変化していると考えることである。何十年も前の経営経験がしばしば有害であるように、不動の静的なシステムとして社会を考えることも有害である。それらの考えは、どちらも自分が好ましいと思っている秩序に社会を無理に押し込もうとする。

その点では、過去の成功体験を墨守しようとする老経営者も、昔の社会学者によくいたユートピアを掲げる社会主義者と同じである。彼らは社会を動かない物体のように考えてしまう。不変の理想状態があって、それをいつまでも維持すれば、それでよいと考えているのである。

もちろん古くさい社長の経営がうまくいくこともあるように、社会主義的ユートピア思想が有効で成果をあげることもあるだろう。人間の社会は常に動いているから、たまたまそれらが好都合であったということもありえるからである。しかし、もしもそれがすべてにわたって真実であったならば、人間の自由は失われる。成功した経営者は永遠に成功を約束され、不動のユートピアが人間すべての幸福を保証するのならば、後から生まれた人間は、単なる従属者、追随者でしかないからである。

幸い、人間の社会は常に刻々と動いているのである。そして常に過去は裏切られ、打破されていく。

昔の成功は未来の失敗の遠因となりうる。だから人間は自由で、創造的でいられるのである。

組織についての問いは、歴史社会学にとって学問としての有効性を試される機会でもある。そこで歴史家たちが古くから再生産してきたのと同じような「社会」や「事件」が登場するだけならば、歴史社会学などという学問は不必要である。歴史社会学は、やはり他の社会学がそうであるように、既存の社会認識を問い直すものでなければならないのである。

第4章●都市と都市化の論理

1　都市化という歴史

都市化はまさに歴史社会学の中心テーマの一つである。これまで一〇〇年の日本の歴史を考えてみても明らかなように、近代化とは都市化であり、都市化することこそが近代化した社会の特徴であった。大都市郊外の、今まで田畑だった土地が開発され、工場や商業地や住宅地になる。きっかけは鉄道の敷設であり、大企業の立地であり、もちろん都市自体の拡大である。急増した人口のために、行政は住宅や学校や保育園を整備し、福祉施設や警察機構を拡充する。今まで農村だった地域の住民と、新しくやってきた人々は、文化的な違いによって対立する。長年のしきたりに従って暮らしてきた住民が、そんなことにはまったく無関心の大勢の人々と同じ土地に暮らすことになるからである。人間は長年にわたって身に付け、共有してきた文化から離れるのが難しい。農村には農村の、都市には都市の特有の文化があり、それこそを「常識」と信じて人々が暮らしているからである。

文化の問題は「常識」の間の対立によって生じている。誰もが自分が信じる文化を「常識」だと信じているのだが、実際には各々が育った環境によって異なっている。人は他人の「常識」を非難することで自分の常識を守ろうとしていると考えることもできる。都市化というのは、農村の住民の常識が弱くなり、都市住民の考えが主流になっていく過程であるともいえる。

世界の都市化を先導したのは西ヨーロッパとアメリカであった。一九世紀後半の西ヨーロッパの都市はまさに人口激増の時期でもあった。現在ヨーロッパの多くの大都市の地図を見ると、一見して一九世紀後半の痕跡を見つけることができる。都市の中心部には中世以来の入り組んだ街路の旧市街があり、旧市街はしばしば城壁で囲まれているか、あるいは城壁を撤去した跡の環状道路、公園や公共施設によって取り囲まれている。建物を石で造るヨーロッパの旧市街は建て替えが困難であり、長年使われてきた建物は住民にとって愛着がある。外国人が好んで訪れるような観光地は、もちろん旧市街である。ただし、市街地の大半を占めるのは旧市街の外に広がる整然とした街路の新市街である。注意しなければならないのは、新市街の多くが一九世紀後半以降に造られていることである。ただし、長い歴史があるヨーロッパの都市の場合、既存の旧市街の建築物に合わせたデザインが好まれる傾向があるため、鉄筋コンクリート造の擬古建築が多くなる。それで、一見すると「中世以来の街並み」が広大に広がっているように見えるのだが、実際にはせいぜい百数十年といった建物なのである。考えてみれば当然で、中世には並木の植わった広い直線の街路などありえないからである。

都市の近代化は、ヨーロッパの場合、城壁に囲まれていた旧市街の生活から、整然と区画された新市街の生活への変化であった。城壁は外敵からの防御を最優先して造られており、中の住民の利便性は優先されていない。一般の家屋よりも高く築き上げられた城壁は日光をさえぎる。当然内部は暗くなってしまう。そのうえ、都市は城壁という平時には不便な無用の長物に包囲されていて外に広がることができない。外部との行き来はいくつかある門だけである。すると、どうしても高層化せざるを得ず、曲がりくねった細い街路に四、五階建て以上の木造家屋が覆いかぶさることになる。下水道はなく、糞尿を窓から捨てていた。狭い街路は同時に排水路でもあり、ごみや汚物が土に変わって路面を埋め尽くしていた。そこに馬や犬も多数同居していたのだから、衛生状態はおおよそ想像できるだろう。

ヨーロッパの歴史に繰り返し悲劇をもたらしたペストの惨禍はこうした都市の衛生状態に基づいている。『ロビンソン・クルーソー』（一七一九年）で有名なイギリスの作家ダニエル・デフォー（一六六〇～一七三一年）が、『ペスト』（一七二二年）で伝えたのは、ロンドンで起こった一六六五年のペストの流行であった。王侯貴族や金持ちは我れ先にロンドンを脱出し、田舎の領地に避難する。病の拡散を恐れた当局は都市の門を封鎖しはじめる。残るのはその種の選択肢がない貧しい人々や、すでに発病した人々と、デフォーのような個人的に自分は大丈夫だと確信している人物だけである。

一九世紀になって次々に登場した新市街は、旧市街を取り囲んでいた城壁を壊すことによって都市が急拡大した結果である。旧市街の狭くて暗い生活は、並木の植わった広い街路によって明るく快適な生活に変化する。一八五〇～六〇年代に行われたパリの大改造で生まれた大通り（ブルヴァール）は、見事な景観で、今でも世界中から観光客を集めている。ヨーロッパの他の大都市が「大改造」されるのはパリよりも遅れており、各地の新市街の多くは、一八六〇～八〇年代に造られている。

世界の都市の歴史を考えるうえで実は重要なのは、アメリカの都市が急拡大したのもこの時期だということである。ニューヨークのマンハッタン島に、「アヴェニュー」と「ストリート」からなる有名な碁盤の目の都市計画が実施されたのは一八一一年であったが、その頃のニューヨーク総人口は一〇万人ほど、都市公園のセントラルパークが整備されたのが一八五七年であり、当時の人口は一〇〇万人ほどになっていた。ブルックリンなどのマンハッタン島周辺の自治体を合併して現在のニューヨーク市が生まれたのが一八九八年である。その後も一貫して人口が増え続け、一九〇〇年には三三〇万人、一九二〇年代には五〇〇万人を超え、ロンドンを抜いて世界最大の都市になった。こうして数字を並べてみると、一九世紀後半の人口増大がいかに激しかったかがわかる。ちなみにマンハッタン島に有名な摩天楼が続々と建設されていくのは一九三〇年代である。ニューヨークの人口が絶頂を迎えるのは一九五〇年頃で、七七〇万人であった。

アメリカの大都市の中でも比較的歴史が新しいシカゴは、一八七〇年の人口が三〇万人ほどで、この頃に起こった大火をきっかけとした名高い都市計画が始まった。シカゴは社会学にとっても思い出深い都市であり、都市計画で有名なシカゴ学派の都市社会学は、シカゴの町とともに成長していった。シカゴの人口は、一八八〇年には五〇万人を超え、一八九〇年には一〇〇万人を超える。一九〇〇年には一七〇万人ほどになっている。

パリに刺激されたヨーロッパ各都市の大改造や市域の急拡大と、ニューヨークやシカゴの人口急増がほぼ同じ時期なのは重要である。ヨーロッパの各都市は古い歴史を誇るが、多くの人が住む新市街はニューヨークに比べてそれほど古いわけではない。農村の人口が都市に移り、都市が急拡大するという都市化の過程は、ヨーロッパとアメリカでは同時進行したと考えることもできる。現に、ヨーロッパの農村人口がアメリカの都市に移民するという過程も、大西洋をはさんだ大規模な都市化の一部ということができる。

社会学の歴史についていえば、フロリヤン・ズナニェツキ（一八八二～一九五八年）とウィリアム・トマス（一八六三～一九四七年）による『ヨーロッパとアメリカにおけるポーランド農民』（一九二〇年）は、ポーランドからの移民の個々の生活史を詳細に跡付けていくことで独自の研究スタイルを確立し、シカゴ学派の社会学を確立した業績といわれている。シカゴは今日に至るまで全米最大のポーランド系人口を抱える都市であり、ポーランド系はこの町の白人で最大勢力である。シカゴの町自体を「社会学的実験室」とすることを掲げたシカゴ学派は、この町に続々と流入してくるポーランド移民を、現場で大規模に研究した。あくまで現場で実証的に研究することを身上とするシカゴ学派にとって、シカゴの町の都市計画と、そこにやってくるポーランド人は、まさに見逃すことができない研究対象だったわけである。

日本に目を転じると、都市化の歴史は、ヨーロッパやアメリカから遅れているが、それでも一九世紀中に始まっている。東京の場合を見てみると、江戸時代に長らく一〇〇万人をはるかに超えていた江戸の人口は、明治維新後に人口の多くを占めていた武士が地方へ帰郷することで激減し、明治初年（一八六八年頃）の東京の人口は六〇万人ほどであった。それが一八九〇年には一一五万人ほどに増え、一九〇〇年には一七〇万人を超えている（ただし区域の拡大を含む）。

こうして数字を並べてくると、一九世紀の末三〇年ほどで各都市が相次いで人口の急拡大の局面に入っていることがわかる。アメリカとヨーロッパ、日本と西洋といった対比で考えるとかなり異なった歴史を歩んでいるように見えるが、人口を指標とした都市化だけに注目すると、時期に若干のずれがあるくらいで大して違いがないことがわかる。

それぞれ農村の人口は減少し、大都市に集まってくる。人口が流入した大都市は、どんどん市街地を拡大し、以前は農村だった地域まで取り込んでいく。二〇世紀に入ると拡大の速度が上がり、以前ならば郊外の新興住宅地であった地域が都心地域に繰り込まれていく。国全体で見ても農村と都市の人口が逆転し、首都を中心とした都市文化こそが国全体を代表するという常識が広く行き渡るようになるのである。

2　都市の地位変化

一九二〇年代以降に世界の都市社会学をリードしたシカゴ学派は、机上の理論よりも現実に展開していくシカゴの町を考えることを優先した。終始実用的な観点、実学的な志向に特徴がある。この点は、近代化や産業化をめぐって思弁的な議論を展開するヨーロッパの社会学とは異なった高度にアメリカ的な社会学といえる。

ただし、どんなに現場に密着した実学でも、他の条件の下に移されると、実際には理念的なものになってしまう。シカゴ学派の都市社会学が単に社会学の学説史の問題にとどまらないのはこのためである。社会科学は、単に過去や現時点の社会の記述であるにとどまらず、今後の社会政策の指針にもなる。誰もが感銘を受ける社会科学の研究は、心強い「前例」として多くの政策立案者に共有されるからである。狭義の「シカゴ学派」の全盛期がすぎて、さらに多様な都市研究や都市計画が登場してきたが、シカゴの事例が生み出した思考のパターンはその後も大きな影響を及ぼし続けてきた。シカゴ学派の影響を受けた世界中の都市計画者が、その後、世界中の町を「シカゴ」にしてしまおうとしたことは、この意味で自然な成り行きであった。強烈な成功体験や前例が一旦できあがってしまうと、それが世界中に拡散され、どこでも同じようなことをしようとするようになる。

一九世紀末のシカゴの都市計画に由来するといわれる、田園環境に造成された職住近接の自立的な郊外都市「ガーデンシティ」という考えは、今日でもいろいろと形を変えて世界各地の都市計画に登場している。たとえば、一九四四年の「大ロンドン計画」以来登場してきたイギリスの「ニュータウン」は、大都市に通勤することを前提とした日本の多くの郊外都市よりも職住近接と自立性を意図したものであった。日本の各地にも自立的とはいえないが、「田園都市」や「学園都市」に類する郊外都市計画はたくさんある。「ニュータウン」という言葉にもなじみがあり、一九六五年に計画された「多摩ニュータウン」は現在二〇万人以上の人口を数える日本最大規模の計画都市である。自立的な「田園都市」であるにせよ、大都市に切れ目なくつながった衛星都市「ベッドタウン」であるにせよ、結果として、世界中の主要都市が無制限に巨大化したのは事実である。その一方で、旧来の都心地域は「ガーデンシティ」「田園都市」に移動することができない貧困層の居住地域として事実上放置された。郊外の新しい住居に住んで自家用車で移動するのが理想の生活であると考えられるようになり、古ぼけた「下町」に住んで徒歩で移動するといった生活は貧しくて見栄えのしないものであると考える人が多くなった。

目を転じると、種々の都市計画というのは思想的にも象徴的な現象であった。「計画」への信頼の時代が、多くの国であった。一部の賢明な人々がすべてを計画する方が、大多数の人々が気ままに無秩序に私利私欲を求めるよりも優れているのだという考えである。当時は、大勢の人間が暮らす社会そのものも、優秀な科学者の計画によって一から作り直した方が、既存の複雑な社会をいろいろと改良するよりもはるかにうまくいくといった発想が支配的であった。具体的には、多くの人々が暮らす社会生活の舞台である「都市」を、科学的に合理的に計画すれば、高性能で緻密な機械のように機能するに違いないというわけである。このことは経済上の制度をめぐる政治的な対立とは別次元で、当時の人々の思考を支配していた。

多少抽象的な話になるが、種々の意味で「機能主義」と呼ばれる思想が、都市計画だけではなく、社会学全般をもリードした時代があった。都市も社会も、高機能な機械であり、たとえ現状では故障や機能不全があったとしても、入念に工夫して本来の機能を発揮できるようにするならば、そこに暮らす人々も幸せになるはずだという考えがその背景にあった。こうした思考様式の余韻は、今でもかなり知的な響きを持っている「メカニズム（機械）」というカタカナ語に残っている。「大都市の社会生活のメカニズムを解明する」、あるいは「都市における権力のメカニズム」といえば、今日でも都市社会学の主題として違和感はないだろう。これらの命題の基礎になっているのは、都市も社会も権力も複雑な「機械（メカニズム）」であり、巨大な精密機械の複雑で見渡しがたい仕組みを解明すれば、現在よりもはるかにうまく操作することができるという考えである。

今日の日本社会でも、世代による考え方の違いが大きいのがこの点である。一九八〇年代末から次第に「都心回帰」というかけ声の下、旧来の都心の再開発や伝統的な景観の保持といった問題に関心が移るまで、世界中が「シカゴ」を追いかけていたといえる。広い道路に庭付き一戸建てが延々と並ぶ「田園都市」を理想とする上の世代と、主要駅に近接した高層マンションの方が好ましいと考える若い世代の考え方の相違は大きい。この結果、以前に造られた「田園都市」の住民がそろって高齢化、過疎化し、スーパーの撤退などが相次ぐことで生活が成り立たなくなる問題が生じている。

その一方で、大規模な計画経済や計画社会が信頼を失う。そして、それらの「計画」や種々の都市計画がもたらした結果が非難されるようになる一方で、長年にわたって蓄積された都市の伝統や文化が再評価されるようになる。どこでも同じ郊外型のショッピングセンターやファーストフード、ファミリーレストランからなる景色が陳腐化する一方で、多様で複雑な要素からなる「旧市街」の魅力が再発見される。自家用車がなければ買い物にも行けないような環境よりも、自宅周辺の徒歩圏の顔見知りの商店で雑談をしながら買い物をするといった生活が見直される。このような日常の会話は人々のつながりでもあり、互いを認め合う社会的行為でもある。以前から言い古されてきたように、会話なしで可能なスーパーの買い物は、買い物をきっかけとしたコミュニケーションの機会を奪う装置でもある。

「社会」をめぐる問題は、ほとんどすべての場合、相反する利益、既得権を持った個人や集団の間の対立から成り立っている。特定の人物や集団や組織にとって有利なことは、他者にとってはしばしば不利で、時には致命的な場合もある。よくいわれるように、政治の役割は相反する利害関係を調停することであり、極言すれば、特定の利益を伸ばし、相反する利益を捨てることである。事あるごとに「公平性」や「不偏不党」を明言する日本のメディアにしても、たとえ嘘は伝えないとしても、特定の集団や組織に有利な情報を集中的に伝えることによって偏向は可能である。そもそも、無数にある情報の中から特定の情報を選び出す手続きがある以上、公平などありえないことは大して論じなくてもわかることだろう。

多様な人々が暮らす都市について、特定の観点からのみ合理的な計画をするということは、極端にいえば、その種の意見を共有する人々のみが住む都市を造ることである。現に老齢化が進む郊外の計画都市は、計画された時点で共通の価値観を持っていた世代が集まった結果と考えることもできる。

振り返ってみると、「シカゴ」が特殊であったのは、中世の都市史を持たない新しい国であるアメリカの中でも新興都市であるシカゴを研究対象にしたことにある。そこでは真っ白なキャンバスに絵を描くような都市計画が進行していた。それは古代や中世に出発したヨーロッパの都市や、律令制の都市計画の名残や、近世の町割のうえに発展してきた東アジアの都市とは違う。違うものを無理やりに同じにしようとするならば、無数の困難が生じるのは当然である。

そもそも、シカゴ学派の当初からの拠点であるシカゴ大学は、シカゴの人口が一〇〇万人を超えた一八九〇年の創立である。そして、新興都市シカゴの発展に寄り添ってシカゴ学派も名声を獲得し、シカゴ大学は、創立から短期間でアメリカの有力大学の地位を築き上げる。そこで求められたのは、当時世界の社会科学界を支配していたヨーロッパの社会科学に対抗しうるアメリカ独自の社会科学の樹立であった。アメリカの社会科学の際立った独自性の一つは、プラグマティズム（実用主義）に基づく、一貫した現場主義である。

シカゴで発展した都市社会学は、急激な人口増大に直面した都市が、自らについて考える自己言及によって成立した社会学ということもできる。もちろん同じことは日本の都市についてもいえる。都市社会学を研究する研究者は、多くの場合、都市に住んでいる。研究者が所属する大学などの研究機関はほとんどの場合、都市にある。つまり、都市の住民が自分の住んでいる町について考えることが出発点であり、終着点でもある。このことは都市ではない地域、つまり農村や過疎地域についての研究と大きく異なっている点である。都市は研究者にとって、自己言及の対象なのだが、都市以外の地域は多くの場合、他者として接する。

このことが、社会学だけではなくて、農業政策や過疎地対策といった世界中で行われている行政に対して与えている影響は大きい。都市の問題は、自分たちの問題として、日々刻々変化していく状況に応じていろいろな意見を突き合わせることができるが、他者の問題ははるかに抽象的で、具体性に乏しく、しばしば金銭の問題に終始してしまう。補助金を付けて、税制を工夫すれば農業は盛んになり、過疎の問題は解決するといった想定に基づく政策は、毎度メディアで批判されてきたとおりである。

日本の場合に限定していえば、東京のそれもかなり限られた地域と、それ以外の地方都市の「都市問題」についても同様のことがいえる。人口の集中によって過密化した東京の様々な問題はメディアでも盛んに取り上げられ、大勢の社会学者によって研究されているが、メディアや研究者が作り出した特定の決まり文句が、過疎に悩む地域にそのまま当てはめられると奇妙なことになる。古い例になるが、一九八〇～九〇年代にずいぶんと流行した「ウサギ小屋」言説は、東京都心のワンルームマンションに暮らす独身者にとっては現実感があっても、それを地方都市の行政までもが唱和すると不思議なことになる。すでに広い自宅に住んでいる地域住民に、さらに広い家に住み替えることを勧めることになるからである。また、固定資産税などの税制も東京都心仕様の制度が日本中に当てはめられることによって様々な不都合が生じている。地方分権化や「道州制」をめぐって長年続けられてきた議論の背景には、巨大都市東京とそれ以外の大都市の相違を強調する人々の存在がある。そんな人々の頭の中には東京発の都市政策が地方にもたらした様々な不都合が強く意識されている。

ただし、問題は都市を中心として近代以降に作り出されてきた文化にまでさかのぼって考えるべきだろう。すでに広い自宅をもてあましている地方在住者に「ウサギ小屋」を実感させるのは、経済的な条件でも政治的な問題でもなく、生活感ですらなく、都市文化である。人々は都市文化が発する様々な要求を自分が満たしていないと感じる時、それに当てはまりそうな言葉を当てはめようとする。その際には同じ言葉が解釈替えをされて、それぞれの人々に理解される。東京の狭小住居に住んでいる人々には「狭い」という意味だった「ウサギ小屋」も、農村に住む人々にとっては家畜としての「ウサギ」、つまり都市から切り離された農業というイメージに変換されている。こうして都市部で考えられた報道や立案された政策が、地方では別様に解釈されて伝達されていく。

もちろん、その根底には文化の発信や政策の立案は都市であって農村ではない、首都であって地方ではないという強固な考えがある。歴史社会学の問題も、根本のところではやはりここに返って来る。歴史の中で、なぜ人々は都市中心の文化を創り出してきたのかという問題である。

ただ、都市中心の文化という問題は、抽象的で包括的な次元で議論していてもそれほど実り多くはない。一方に、都市がすべてだという人々がいて、それに反対の人々が、都市がすべてではない、田舎の方がよいぞ！　と反論したとしても、同じところをぐるぐる循環するだけだからである。もちろん、循環する議論はそれ自体が独自の文化でもある。大都市に住む住人が「田舎暮らし」に憧れていて、その時を待っているといったことはよくある。そういう人々は、常に都市中心の文化とそれに反対する文化の間であれかこれかという迷いを続けている。そして、迷いが続いているからこそ「田舎暮らし」をめぐる報道や著作が生み出され、肯定的な言説や否定的な言説が同じように繰り返されていく。

仮に、都会から脱出することを選んだ人々が、選んだ瞬間に全員田舎に引っ越したのだとしたら、「田舎暮らし」をめぐる言説は不要だろう。そのような情報を受け取らなくても、すでに移住してしまっているからである。むしろ同じことを循環して言い続けることで特定の文化は生じている。もちろん、同じことは大都市に暮らす人々自身の文化についてもいえる。

3　都市生活の知恵

大都市に暮らす人々は大都市に特有の文化、あるいは生活様式を生み出している。大都市は狭い地域に多くの人々が生活しており、しかも日々新しい人々と接している。そんな環境に暮らす人々は、人口が少ない地域に生活する人々とは異なった生活習慣を共有している。それは大勢の人々が密集して生きる大都市の住民が長年に作り出してきたものである。

大都市は単に人口や経済規模の点で大きいだけではなくて、そこに暮らす人々の生活様式が独自であるという点で、社会学の研究対象となりうる。シカゴ学派とも関係が深いアメリカの社会学者アーヴィング・ゴッフマン（一九二二～八二年）は、都市に生活する人々が日常生活において互いに行っている「演技」を研究の中心に据えることで、それまでの社会学が論じてこなかった問題を明らかにした。たとえば、大都市に暮らす人々は不特定多数の人々と接触せざるを得ない。しかし、無数の人々との間で細かなやりとりをすることは不可能である。そのうえ、付き合えば付き合うほど関係が悪化する可能性がある人物も少なくはない。列車の中や病院の待合室のような不特定多数の人々が居合わす公共の場所で、すべての人々と同じように対応していたら、激しく疲れてしまうだろう。

それならば不特定多数の人々とはできるだけ付き合わないようにすればよい。そのためには互いに無関心であると演技する必要がある。まさにこの演技というのが重要で、本当に無関心というのではない。無関心のふりをよそおうのである。不特定多数の人々が登場する都市生活では、危険な目に遭う可能性もある列車やエレベーターに乗り合わせた他人が、危険な不審者ではないことを確認する必要があるからである。そして、必要な確認を終わると、すぐに無関心をよそおう。

ゴッフマンが『集まりの構造―新しい日常行動論を求めて―』（一九六三年）で「儀礼的無関心（civil inattention）」と名付けたのがこれである。都会の人々は短い時間でも無関係な他人と狭い空間を共有しなければならない状況に置かれる中で、できるだけ心理的な負担の少ない状態を保とうとする。このことは、逆の状況を考えてみればすぐにわかる。たとえば、エレベーターに乗り合わせた見知らぬ人々が、皆自分の顔に注目し、話しかけてくる場合である。休暇で訪れたリゾートホテルでその種の体験をするのは悪くないかもしれないが、毎日の都市生活でそんなことをしていたならば疲れてしまう。

ゴッフマンの言葉でいえば、「演技される日常」がここに登場する。それは狭い場所に押し込められた都市生活者の知恵である。都市生活者たちは、互いに日常を演技し合うことによって、少しでも負担の少ない日常を実現しようとして努力している。こういった人々の努力は、関係のない人々にとっては信じられないほどである。そして、特定の人々にとっては切実な問題でありながら、それ以外の人々にとって無関係であるという差異を見つけたという点で、ゴッフマンの仕事は社会学において不滅の位置を占めている。

「都市は劇場」というのがゴッフマンの理解であった。ただし、それならば都市以外は「演技」のない生《き》のままの人間なのかといえば、これは難しい。むしろ、実際には人間の社会は互いに「演技」し合うことによって成り立っている。相手の出方に応じて刻々と態度を変えていくことこそが社会生活である。そして、歴史社会学は長期にわたる時間経過の中、各々の時点での人々の思考や、心情、感じ方の変化に注目しようとする。

大都市生活者とそうではない人々の生活習慣の違いは、長期にわたる都市化による変化を反映しているとともに、古くからある都市と農村の人間関係の違いでもある。田舎のバス停で待っていると、そこに居合わせた気のいい老人が「あんたどこから来たんだい」と話しかけてくることがある。返答すると、「うちの息子も○○に住んでいるんだよ」といった会話が続く。これなど旅の楽しみの一つといえるが、都市生活者の日常ではあまり体験しないことである。

また田舎のコンビニエンスストアなどで、レジの店員と行列の先頭にいる客がしばらく談笑しているなどといった光景もよくあるが、都市生活者にとっては新鮮な体験であるといえる。また、ふとしたきっかけで会話になっても、「言葉が違うね」ということで急によそよそしい雰囲気が生まれることもある。

ゴッフマンの議論は、人々が日常生活を送っている中で作り出している関係を、まさに現場で見つけ出すきっかけになっている。それは歴史的にも社会の大きな変化につながっている。過去には農村にあって「儀礼的無関心」とはおおよそ関係のない生活をしていた人々が、大都市に移り住み、都市生活者の生き方を身に付けていく。

もちろん歴史社会学が対象とする過去の社会については、社会調査を行うことができない。過去の社会について知るには歴史学の手を借りなければならない。しかし、歴史は決して過去の事実そのものではなくて、歴史家が自分の考え——史観——に従って無数にある史実の中から選び出した情報である。

あるいは、過去の文学作品に描き出された「社会」や「風俗」を資料として考えることもできるが、この場合も、やはり文学作品を書いた作家の関心が強くかかわっている。そもそも、歴史家も小説家も、自分が知りたいことしか知ろうとしないし、自分が作品の中で実現しようとする現実感にとって役に立つことしか書かない。しかも、作家自身にとって、自分が作り出した作品世界と現実世界の区別があいまいになっている場合もある。

ただし、現在行われている社会調査が蓄積され、将来から見た「過去」が、歴史学や文学作品よりも正しく理解できるのかといえば、これも難しい。調査もまた、調査する人々の意図に沿って行われているからで、調査する人々の考えは時代とともに変わっていくからである。現在行われている社会調査が、そのまま未来の研究者の調査と同じ意図で行われるという保証はないからである。

しかし、いろいろな手段を尽くして過去の社会について考えることは、無意味なことではない。農村で暮らしていた人々が、都市に向かい、そこで新しい生活を体験することは、今日の人々にとっても大きなできごとなのである。今まで知らなかった生活習慣を身に付けることは、人間にとって大きな負担である。そんな大きな負担を担った人々が、世界中の都市化を体験した。無数の人々が体験した現実が、広い社会に与えた影響は、まさに決定的であったといえる。

簡単にいえば、ほんの一〇〇年の間に、無数の人々が以前の時代にはありえなかった大きな変化を体験した。それはまさに「革命」と呼ぶような変化であり、あまりにも大きな変化であったために、時間を置いて考えなければ理解することができなかった。

自分たちが長年にわたって信じてきた人間関係が、一瞬で失われる体験だったのかもしれない。多くの人々が、生まれた時から慣れ親しんだ環境や人間関係の中で暮らしたいと望んでいるのだが、実際にはいろいろな事情で多くの別れが起こる。痛みを伴う別れがあり、絶望もあり、時には予想外の再会もある。しかし、全体として大きな負担（ストレス）であることは間違いない。そんな精神的な負担が社会の近代化にはつきまとっている。

4　都市生活者と社会階層

自分が生まれた地域社会でそのまま人生を送っている人々にとっては、職業生活を送る場も顔なじみの人々ばかりで成り立っている。小学校の同級生がそのまま会社の同僚であるといった状態で、中高生の頃の異性とのトラブルが、そのまま飲み会の話題となっているような社会関係である。

ただし、注意しなければならないのは、大都市の居住者でも、しばしばこの種の関係が成り立っていることである。いわゆる大都市の「下町」の人間関係であり、また恵まれた社会的地位を享受する階層の人々でも、私立の名門校などを拠点として「幼なじみ」の人間関係が生涯にわたって続いていくことがある。私立の名門の小学校や中学校の受験がしばしば注目されるのは、特定の学校を拠点とする子供の頃からの関係に我が子を仲間入りさせようという親の意図と関係している。

このように考えると、大都市というのは新しくやってきた多数の新来者と、その都市に長く住んでいる人々からなる層構造を持っていると考えることもできる。社会学が古くから論じてきた都市化論は、農村から都市への人の移動を主題にしてきたが、同じ都市の中でも在来の濃密な人間関係を維持している人々と、そうではない人々の間に生じている社会的関係にも注目していくべきだろう。

都会の親密な人間関係というと、何よりもまず関心が向かうのは「下町」「ダウンタウン」と呼ばれる地域に暮らす人々の生活である。都市ごとに事情は違うが、下町というのは多くの場合、旧市街であり、早くから都市の中心地域であった代わりに、老朽化が進んでおり、場合によっては「古い街並み」が残されているということで観光地になっていることもある。そこに暮らす人々は古くからの人間関係や社会関係をそのまま維持することを選んだ人々であり、ちょうど農村に残って暮らしている人々と似た経過をたどっていると見なされてきた。ここから「下町」という言葉につきまとう二面的（両義的）な意味が生じる。一方では庶民の暮らす豊かではない地域という意味での下町であり、他方では親密な情緒や伝統文化が息づく地域としての下町である。

下町に対する反対語が何なのかはいろいろ議論がある。まさにいろいろあるという事情が、都市化や都市の発展が抱えている様々な意味付けを反映しているともいえる。日本各地にある「上町」という地名は、しばしば社会的に上位の人々が住む地域という意味を含んでおり、日本の城下町の伝統では、多くの場合武士が住む地域、つまり支配階層の居住地という意味を持っていた。だから、あえて「上位にある」という意味にとられやすい「上町」という言い方を避ける場合もある。たとえば、東京の場合、毎度おおっぴらに使用される「下町」という言葉に対する反対語にあえて「山の手」が使われる。これも、江戸時代の武家屋敷が災害の危険が多い低湿地を避けて丘陵地域に立地したことと関係している。やはり権力者は丘の「上」に住んでいるのである。

それでは、「下町」に暮らす庶民と違って、高い階層の人々は緊密な人間関係とは無縁なのだろうか。このように問いを立ててみると、社会学にとってかなり手薄な領域であることがわかってくる。経済や教育といった面で主流から外れた人々を主な対象とする「文化研究（カルチュラル・スタディーズ）」という分野が脚光を浴び、「対抗文化（カウンター・カルチャー）」「下位文化（サブ・カルチャー）」ということで一括にされてきた人々が、実は多様な側面を持っていることが子細に研究されるようになった。ところが、対抗文化に対抗するべき「主流文化」を主導する人々についてはどうなのかといえば、それほど研究されているとはいえない。あったとしても、経済的な側面から「富裕層」の生活について紹介するといった視点のものに限られる。どんな家に住んで、それがどんな住宅地にあり、どんな車に乗っているのか、子供をどんな学校に通わせているのか、といった話は毎度おなじみでも、そこからそういった人々がどのような社会的関係にあるのかはそれほど問われない。

むしろ、社会的地位が高くて収入も多い人々は、各々自立していて他人の世話にならなくても自由な個人として生きているのではないのか？　という憶測で代用されているように思われる。ただし、歴史的に考えてみるならば、その種の憶測の幅は狭められていく。

昔の社会でも、今日の社会でも、高い地位にある人々は、それだけ多くの人々との密接な関係の中で生活している。いろいろな意味で使われる「人脈」という言葉が象徴するように、地位が高い人々は多くの人脈を誇っており、逆にいえば多くの人脈があるからこそ地位が高いと評価されているとも考えることができる。そして、様々な形の人間関係――人脈――は、短期間の間に当人の交友関係や仕事関係でできたものもあれば、親子代々受け継がれてきたものもある。もちろん、幼い頃に学校で生まれた関係が何十年も続いているという場合もあるだろう。

そして、しばしば大きな後ろ盾となり有形無形の社会的支援を与えてくれる人間関係は長期にわたるものである。少し想像すれば理解できることだが、何かの会合で名刺を交換しただけの関係と、祖父母や両親の世代からの家族ぐるみの交友関係とでは、おおよそ質が違う。さらにいえば、その種の人間関係は一旦裏切られたならば、複雑につながっている多くの人々からの関係も切れてしまうという性質を持つ。しかも、人は普段多くの支援を受けているような人間関係を多くの人々に公言したりはしない。これも少し考えれば容易にわかることである。

社会的に地位が高くなり、より多くの人々を動かすような仕事をしている人々ほど閉鎖的で強固な「人脈」を持っており、当然「人脈」に属する人々への忠誠心も強くなる。それは、おおよそ「自由な個人」という伝統的な社会思想の考えとは相容れない現状である。他人にあれこれ指示されたり命令されたりすることに慣れている人々から見ると、指示したり命令したりする人々というのは、さぞかし自由に意のままに生きているのではないかという考えを抱きやすい。しかし、命令や指示が実現されるにはそれを実現する人々が従わなければならない。

その場合、人々が特定の人々の意向に従うのは、その人々の腕力が強いからではない。また、ある種一面的な社会観の人々は、すべてはカネ（賃金）なのだというふうに考えようとするが、同じ給与を受け取っていても従順な人々もいればそうではない人々もいる。

そもそもすべてを金銭で考えようとする人々は、すでに金銭を多く持つことによって社会的影響力をふるっている人々の意向に自発的に従っているともいえる。簡単にいえば、ある程度の社会的地位と資金力のある人々を金銭の力で動かすことは難しいか、不可能であるが、両方に恵まれない人々は容易に動いてしまう。それというのも、その種の人々は自分でも「すべてはカネだ」というのが信条だからである。

ゲオルク・ジンメル（一八五八～一九一八年）が『貨幣の哲学』（一九〇〇年）で論じた問題がまさに手がかりとなる。ジンメルによると、貨幣というのは単なる数字であって何も意味を持たないがゆえに有用である。農民が先祖伝来の農地を売った代金も、経営者が会社から受け取る役員報酬も、引退した公務員が受け取る年金も、当人たちの意味付けはどうであれ、すべて同じ貨幣である。そして、貨幣はそれ自体には意味がないので、多くのものやサービスに交換することができる。ただし、貨幣に交換すると同時に、ものやサービスその他に付随していた多くの「カネで買えないもの」が同時に消滅する。農民が先祖伝来の土地を売って都市に出て行く時、ポケットには正当な代金が入っているのかもしれないが、農地を介してつながっていた人々との絆や土地の記憶、伝統、自然に働きかける農業という仕事のもたらす無数の経験は、瞬時に消滅する。農村から出てきた労働者は、確かに貨幣の力で自由になったが、その自由が当人にとってすべてにわたって好ましいものであったのかどうかは別問題である。まさにこれがジンメルの問題であり、またエミール・デュルケムが『自殺論』で取り組んだ農村と都市の自殺率の大差という問題に、大きな示唆を与える視角でもある。

ジンメルやデュルケムのような人々は、「自由」という言葉を無条件によいものとして礼賛したり、憧れたりするような思想からかなり離れた地点でものを考えている。一八世紀の人々は「我に自由を与えよ！　さもなくば死を！」といって喝采を浴びたが、自由がもたらす死についても考えはじめることで社会学は独自の領域を切り拓いた。自由であるということは、誰からも拘束されないことであるのと同時に、誰も面倒を見てくれないことでもある。

社会階層の問題に引き戻していえば、最も恵まれない賃金で働いている人々は、最も自由な人々である。安い時給で働いているアルバイト、パートといった職種は、文字どおり自由に移動できる。職場の人間関係も一時的なもので、どんどん入れ替わっていく人員のため、敵対関係がすぐに清算できるように、友情も絆も長続きしない。それが正社員や高い給与の仕事に変わると人間関係が複雑になっていく。

アルバイト、パートの勤務はすべてをカネで計る傾向が強いが、地位が上がるとカネで買えない要因が多くなる。逆にいえば、会社組織において純粋にカネで買える部分を取り出したのがアルバイト、パートといった職種であるともいえる。これに対して、多数の部下に慕われて職場をよい雰囲気に保ち、しかも実績もあげるといった能力は、もしもカネで買えるならばいくらでも払う人物がいるだろう。最も肝心の部分はカネでは買えないとは、毎度組織人が口にする決まり文句でもある。

もちろん多くの人々を動かし名誉や膨大な収入を得ている人々は、決して文字どおり自由なわけではない。この問題について歴史社会学には記念碑的な著作がある。ノルベルト・エリアス（一八九七～一九九〇年）による『宮廷社会』（一九六九年）である。主にルイ十四世の宮廷を素材に「宮廷社会」と呼ばれる社会について考察したこの本に登場する専制君主は、決して自由ではない。むしろ、自分が統治するフランス王国で最も不自由な生活を日々刻々送っている。王の日常は起床から就寝に至るまで有名な儀式の連続で、大勢の宮廷貴族や使用人が参列して毎日繰り返される。おおよそ人並みの体力や根気、持久力では続けられるようなものではないが、それに加えて通常の政務も加わる。何しろ自他ともに認める専制君主なのだから、自ら無数の政治的判断をしなければならない。

ルイ十四世のような歴史上の人物は特別であるとしても、現代でも責任ある地位にある人々は、やはり他人との間で複雑な相互関係を強いられている。地位が上がれば上がるほど複雑な関係は広がり、当人自身にもおおよそ全体を把握することは難しくなっていくが、決して自由気ままに「権力」や「権威」

を楽しんでいるわけではない。

そもそも「権力」や「権威」という概念を、あたかも物質のように、ゴルフコンペでもらったトロフィーのように考えるからこそ、多くの誤解が生まれているともいえる。つまり、「権力」や「権威」は応接室や社長室に飾って眺めるものではなくて、あくまでも日々刻々再生されなければならない社会的関係だからである。再生が滞れば「権力」や「権威」はすぐに失墜し、他に取って代わられる。

ルイ十四世は反乱を重ねた封建貴族を監視するために貴族を宮廷に集めたが、集めただけで仕事は終わらない。ただでさえ様々な社会的資源をたくさん持っている貴族たちを、首都に集めただけでは何をするのかわからない。田舎の領地に封じ込めてあるよりもかえって危険である。実際にルイ十四世がやっていたのは、宮廷に集めた貴族に役目を与えて自分の日常に巻き込んでいくことで、王の「権力」や「権威」に積極的に参加させることであった。そして、貴族たちを互いに競わせることによって、貴族の力が一体化して王権に立ち向かうことを不可能にしていた。

もちろん、それはエリアスの視点から見ての理解であって、ルイ十四世と周囲の人々が最初から意図的に計画して制度を作っていたわけではないだろう。むしろ、試行錯誤の末にできあがった制度に、結果として国王自身と貴族たちが深く拘束されて身動きがとれなくなってしまっていたのが実情のはずである。

話を都市生活者に戻すと、どんな都市にも決まって有力者層というのがある。自治体や企業、宗教機関、学校などを運営する有力者たちであり、互いに密接な関係を維持している。有力者が有力な地位にいられるのは、物質としての「権力」や「権威」を持っているからではなくて、互いに地位を承認し合っているからであり、互いに支援し合ったり要求に従ったりしているからである。

もちろん問題は都市生活だけに限定されるわけではなくて、広く勤労生活全般にかかわっている。そこでいえることは、人間関係が濃厚な人々ほど高い地位と収入に恵まれており、逆に人間関係から自由な人々ほどその逆だということである。これこそが、社会学などが「社会関係資本（social capital）」と呼ぶものである。自宅にこもってネット取引で大金を稼ぐ相場師はカネはあっても地位は得られない。人付き合いの悪い高名な芸術家、孤高の職人といった例は、社会的現実というよりも文学作品の登場人物だろう。

そして、ここに近代ヨーロッパに発した自由な個人という理想像が、実際にはそれを口にする人々の現実とかなり遊離していたという史実に行き着く。一八世紀のヨーロッパで、現実には強度に強権的な専制君主の忠実な臣民だった哲学者たちが自由な個人の理想を説いたことは、その後の世界に様々な影響を及ぼした。考えてみれば、人は自分が現にそうではない状況について雄弁に語るものである。ところが、時代を経て、地域を隔てた読者には、あたかも哲学者たちが理想の自由を獲得した個人であったかのような幻想が一人歩きするようになる。

そして、その種の哲学者たちの理想を本当に実現すると、現代では孤立無援の非正規労働者（フリーター）になってしまう。誰にも世話にならず、自分の理想を一人で実現する自由な個人、ずいぶんと空疎に響く理想の世界である。そんな理想と現実の食い違いは、すでに二〇世紀初頭の社会学者たちによって明らかにされていた。しかし、それらの指摘が多くの人々の現実にとって有意義になるには長い時間を要したようである。都市生活者の中で最も恵まれない人々が、近代化の当初、農村から出て来ていた自由な労働者たちであったように、今日の大都市の底辺では、都市生活の様々な関係性を失って自由になった人々が不安な日々を送っている。ただし、その不安は単に経済的なものだけではなくて、むしろそれ以上に他者との絆の喪失と考えることができないだろうか。

第5章 ● 歴史社会学と宗教

1 宗教という特別な対象

歴史社会学にとって、宗教は特別な領域である。そもそも歴史家が書いた歴史の多くの部分は宗教が占めている。世界の歴史は、世界各地に成立した様々な宗教が互いに関係し合う様子を一つの基軸としている。そのうえ、社会学の元祖であるマックス・ウェーバー（一八六四〜一九二〇年）やエミール・デュルケムは、歴史上の宗教を考察することでそれぞれの主著、あるいは最も有名な著作を完成している。宗教は、社会学にとってその最初から中心問題だったのである。

そして、宗教は今日でも国際社会の中心問題である。宗教はある時期にはひどく後退して、単なる文化財のようなもの、過去の社会の名残といった存在になってしまうかと思うと、いきなり再生して社会生活の主役に躍り出る。その変化がずいぶん鮮烈なのも宗教の特徴である。

その結果、宗教社会学には苦い教訓がある。二〇世紀中頃から後半まで「世俗化」が宗教社会学の中心テーマであった。政治や経済、そして社会生活全般から宗教の影響が次第に消えていき、宗教による対立や宗教的な少数派に対する差別や偏見といった問題は時間はかかってもいずれ解決していくと考えられていた。ところが、二〇世紀後半に世界各地で起こった宗教再生（リバイバル）の結果、二一世紀の今日、「世俗化」の代わりに社会学者の頭の中を占めるのは「原理主義」である。

宗教は世俗化の過程で弱体化していくどころか、今では時を経るごとに影響力を増し、様々な宗教の様々な立場の原理主義者が、テロ事件や暴行事件を引き起こしている。歴史社会学の視点から見ると、人間の社会は特定の形の宗教が大きく拡大することもあれば、宗教以外の思考が権威を高めることもあるのだが、宗教的な思考はまた別の形をとって再帰してくる。その理由は、おそらく宗教という思考そのものにある。

宗教と社会の関係は特別である。宗教はその内部で社会を確かに作り出すのだが、その一方で通常の社会的関係の外側へ出ようとする傾向を持つ。当然といえば当然で、通常の社会生活と同じでよいならば、宗教などは不要だからである。

宗教は、いろいろな種類がありつつも、やはり共通に「社会」の外側への志向を持っている。その極端な形が、通常の社会生活から退く「出家」であり、また一般の俗人が日々作り出している世俗への拒絶的、あるいは攻撃的な態度である。

それに対して、歴史と宗教の関係は、非常に親和的であった。歴史は、そもそも宗教の一部であり、たとえば中世のキリスト教の世界では、聖書がそのまま「歴史」として取り扱われていたのであり、さらにいえば当の聖書を書いた「イスラエル人」たちは、まさに歴史として宗教を捉えていたのである。

ただし、歴史はその後、宗教から離れていく。そして、行き着いた先が、今日人々が「社会」と呼んでいるものなのである。社会史という歴史分野がそれである。昔の歴史家が特定の人物——大半は権力者や政治家——について熱心に研究していたのに対して、今日では、むしろ特定の人物中心ではない社会史の方が主流になっている。ナポレオンや織田信長は人物そのものというよりも、「ナポレオン時代」や「織豊政権時代」という形で時代区分の名前になってしまう。他方で、社会生活や経済生活が歴史家の関心の中心になってきた。またこの点が、歴史の専門研究者と一般の歴史愛好者の間の溝にもなってしまっている。歴史愛好者はあくまでも魅力的な人物の生涯や人物像について知ろうとするが、専門歴史家は人名のほとんど出てこない社会史を専ら研究しているからである。この点は、どこまでも特定の人物にこだわる宗教とは違う。

宗教は古い時代から人間の社会に共存しながら、同時に通常の社会生活とは異なった選択肢となってきた。そして、時には緊張関係をもたらしてきた。宗教の問題を考えるうえで何よりも大切なことは、宗教には客観的な根拠がないということである。宗教の根拠はその宗教自体であって、それ以外ではない。キリスト教について、神道の立場で批評しても、大して意味はないのである。まさにこの点こそが宗教の強みであり、同時に弱点でもある。

宗教はその宗教自体以外には根拠を持たず、外部に根拠がなくとも続けていくことができる。このため、その宗教を信じる人々は、その宗教の教えに従って生きていこうとするのだが、そのことを一般社会の基準で評価することは難しい。信じない人にとっては、単なる不条理な迷信であって、そんなものに従って生活するなど考えにくいということも十分にありうるのである。

宗教は、それを信じない人にとっては、ほとんど無力であり、冷笑の対象でしかないことも多い。熱心に信じる人々に訴えかける度合いと同じくらい、まったく信じない人々にとっては不合理で不快であると考えることもできるだろう。まさに、強みと弱点の両面性が宗教の際立った特徴なのである。

そんな宗教の両面性をもたらしたのは、私の考えでは、近代の啓蒙思想、近代科学である。近代以前の社会では、宗教というのは、今日の人々にとっての「科学」と同じ役割を果たしていた。それは人間を取り巻く世界についての説明であり、病や社会的困難（戦争、闘争、嫉妬、劣等感、憎悪）について何とかして納得するための回路であった。そこでは、今日の宗教家が近代の科学主義を批判する時によくいうように、人間が生きる意味や死んでいくことの意味が、宇宙全体との関連ですきまなく説明されていたし、そのおかげで昔の宗教的な人々は心の安静を得ていたといった主張も出て来るわけである。その反面で、人生の意味や死の意味を科学によって奪われてしまった現代人は不幸なのだ、という話もしばしば聞かされる。

ここから昔の宗教的な世界観を取り戻そうとする人々は、今日でも情熱的に特定の宗教を信じようとする。そして、同じ信仰を共有する人々と宗教共同体の結束を固めていこうとする。これに対して、あくまでも科学的な世界観を優先しようとする人々は、自分自身の生とその意味について、何とかして別様の根拠を付け与えようと努力する。たとえば、古くから繰り返し登場してくる「科学的」を自称する半ば宗教的な教説がそれぞれの時代で多くの支持者を集めたのもこのためである。一九世紀のオーギュスト・コント（一七九八〜一八五七年）があらゆる宗教を超越、統合した「人類教」を提唱したのは興味をそそる。なぜなら、コントは科学主義（実証主義）の代表者の一人でもあるからである。そして、一九世紀の後半には「科学的社会主義」を自称するマルクス主義が、まさに宗教の代用品として多くの人々に信奉されるようになったのである。

「科学」と自称する救済論が社会に影響を与え、現に歴史的な意義を持っていた。マルクス主義のような現象は、人間にとって「科学」だけでは満たされない多くのものを暗示する。理由は簡単で、科学には人間が生きる根拠が与えられていないからである。科学は何についても根拠を必要とする思考である。自然科学がまさにその典型で、何らかの主張をするには、その根拠を提示しなければならない。しかし、残念なことではあるが、人間の人生には根拠がない。人はなぜ生きるのか、その根拠は、実は何もないのである。

宗教は、まさにこの点で役割を果たしている。根拠などない人間の人生に、自ら根拠となるのである。そして、人々に根拠を提供していく。宗教の根拠はその宗教それ自体であって、外部などないのだが、まさにそのことによって宗教は人々に根拠を与えているのである。

「宗教は亜片である」と主張したマルクス主義が「科学」であることを主張しながら、同時にまた代用宗教としての性格も持っていた点が重要であった。マルクス主義は人々に理想社会の実現という人生の根拠を与えつつ、それを「科学」であると主張することで、科学に絶対の信頼を寄せる人々の支持を集めることができた。つまり、人間の人生に意味を与えるという超科学的な仕事をしながら、同時に社会政策や社会運動についても「科学」として取り組むという両面の活動を実現したのである。

ただし、マルクス主義の利点は、同時に弱点でもあった。「科学」として研究に取り組みながらも、宗教と同じくその根拠付けがマルクス主義自体の内部から提供されているので、マルクス主義者ではない人々を説得することはできない。まさにそれが擬似科学であるがゆえなのである。何よりもまず、勝手に人類のすべての歴史は持っているカネの量の格差をめぐる戦い（「階級闘争」）であると決め付けておきながら、人間の労働力がカネで売り買いされる状況（「人間の商品化」）を非難する。一方的に決め付けておいて、さらに一方的に攻撃するのである。そのうえ、マルクス主義が「科学」として提示する根拠そのものが、マルクス主義者自身の都合でどのようにでも変形され、解釈されてしまうので、他の立場の科学者たちからは、信頼されるのが難しいのは当然である。

さらに、宗教としてのマルクス主義の弱点は、それが「科学」を自称するところにある。資本による搾取のない公正な社会を建設するといっても、そんな「目的」や「根拠」に自分の人生の意味を見出せる人は、決して多くはない。マルクス主義の与える「目的」や「根拠」に人生の意味を見出せるのは、人生の意味がカネにこそあると信じている人々であって、労働や職業生活に意味を見出せる人々はそうではない。極端な経済決定論の世界に生きる意味を実感できるのは、その種の「科学」を長年学習し、しかも強固に信じ込んでいる人々だけである。マルクス主義が、「インテリの宗教」と呼ばれたのはこのためで、その種の「科学」が約束する非現世的な利益だけでは多くの人々の広い信仰は集められないのである。

一九九一年のソビエト崩壊に象徴されるマルクス主義の失墜は、二つの側面を持っていた。一つはマルクス主義に代表されるような社会科学の全般的な信用喪失である。もう一つは世界の各地での在来宗教の大復活である。一部の人々にはソビエト政権が実際にはどうであったとしてもマルクス主義者の発言力の方が圧倒的に強かったので、マルクス主義は多くの人々に、「科学」であると見なされていたのである。そして、一九九一年に自称「科学」の国が崩れ去ってしまうと、そもそも人間の社会について科学というものが成り立つのかという疑問が強くなった。昔のマルクス主義のように堂々と「社会科学」を前面に掲げる人は声が小さくなる。その代わりに「社会科学は科学などではない」と主張するのが、とりたてて ためらわれなくなってきたのである。そして代わりに強力になってきたのが、各地の在来の宗教である。

「キリスト教原理主義」や「イスラム原理主義」などは、以前のマルクス主義者にいわせれば時代遅れの遺物のようなものでしかないのだが、遺物になってしまったのはマルクス主義の方であった。そして、マルクス主義に代表されるような擬似宗教が去った後には、人々は昔からの伝統のある「本物」への志向を強くするようになったのである。

人間が「科学」の力で自分たちの社会を自由に管理したり、改良したり、理想に近づけたりすることができるという考えが後退すると、人間の無力さを強調する宗教が力を回復する。私の考えでは、そのこと自体はむしろ健全である。宗教の根本には、人間の思い上がりや傲慢さへの反省がある。自分の欲望のままに自らが生きている社会のあり方を変化させることができるという考え方は、確かに一八世紀の啓蒙主義以来の異常な信念であったといえる。

ただし、何よりも問題なのは、理性の万能を主張していた以前の人々への反発のために、人間の理性の完全な無力さを主張するような形の「原理主義」である。「ニヒリズムというのは絶望した絶対主義である」というのは古くから言い習わされてきた格言であって、確かに真相を言い当てている。ようするに、特定の絶対神のようなものを信じていたいという志向が先にあって、具体的に何を信じるのかが各々異なっているのである。昔の絶対主義者は各々の神を信じていたのだが、数十年前のその種の人々は「科学」や「科学」を自称するマルクス主義を信じるようになり、そして後に、失望して何も信じられなくなった末に、また昔の神に戻っていったのである。

2 宗教原理主義の仕組み

歴史社会学が原理主義に対面する時、何よりも最初に問うのは、人間にとって生きることの意味が、どのようなところから確保されているのかということである。原理主義は、端的にいえば、人間の生についての一切の知的説明を拒否しようとする。人が生きる意味は、すでに宗教の教祖が指し示しており、聖なる教典にすべて書かれているのだと考える。その意味で原理主義は反歴史主義的である。つまり、聖なる教えは時間を超えており、昔の教理がそのまま今日の社会でも通用するべきだと考えるからである。

歴史社会学は、この種の反歴史主義がどのように成り立っているのかを考える学問でもある。もちろん歴史社会学も学問であるからには、根拠を必要とする。その際に主に用いる根拠というのは、人間の社会が過去と現在とでは大きく異なっているのだという事実についての判断である。

もちろんこの種の学問には当然の限界がある。それは、過去の社会との比較によって宗教原理主義の「時代錯誤」について指摘することはできるが、かといってそのことによって宗教原理主義は決して否定はされないということである。その結果は明らかで、果てしなく続く終わりのない論争でしかない。

宗教の根拠とは、本来どこにもないからである。唯一あるとすれば、それは、その宗教自体なのである。宗教は、まさに循環論によって成り立っている知であって、はじめから外的な根拠など必要としないのである。そして、宗教はそれを信じる信者に対しては、無敵の強さを発揮する。その宗教の内部では、すべての根拠が宗教の内部にあるからである。

宗教は外部の人々に何をいわれても、基本的に困難には陥らない。宗教の根拠はそれ自体であって、信者ではない人々が他の論理によって宗教を批判しても、長年続いてきたような宗教は無傷でやりすごすことができる。問題は同じ宗教の信者がその宗教の根幹をなしている論理において反抗してくる場合である。特に、皆が崇拝する教祖の「元来の立場」や「真の教え」を持ってきて、現下の宗教的な権威に攻撃を加える場合は、本当に危険である。その場合は教団が分裂するか、あるいは異端が迫害されることになる。教団全体の求心力や指導者の正当性の問題に直面させられてしまうからである。

宗教について歴史社会学が論じるということは、宗教そのものの教理について判断することではない。そもそも、宗教をめぐる信仰上の争いを「判断停止」して、信仰そのもの以外の問題から「社会」について論じるというのが、社会学という学問の出発点であった。それは何も歴史社会学だけではなくて、社会学全般でもある。デュルケムとウェーバーという社会学の創始者たちが、それぞれの立場で、やはり両者とも宗教社会学の著作を書いており、しかもそれらが各々の主著と見なされているのは、決して偶然ではないのである。

宗教はまさに社会学の出発点であり、宗教から出発して、「世俗」の人間社会全般について考察を広げていった。社会学が、経済決定論に偏向する経済学や、ルールや規則さえ作ればそれで社会の問題は解決できると考えがちな法律学に対して独自性を発揮できるのは、宗教のような対象について、若干なりとも接近できる思考回路があるからである。そもそも、今日の主流をなす社会科学にとって、「宗教」などというのはほぼお手あげの領域であり、敬遠を超えて、黙殺というのが近い。

理由は簡単で、宗教というのは近代の科学が持っている分析方法でも説明方法でも取り扱うことが困難だからである。宗教は経済とは無関係の部分が多すぎるし、法律で規定できるものでも、一律の概念で把握できるものでもない。宗教は宗教だとしかいいようがないところが確かにあって、そんな難物をあえて引き受けたのが、デュルケムやウェーバーのような創始期の社会学者なのである。

ウェーバーが『プロテスタンティズムの倫理と資本主義の精神』（一九〇四～五年）で問うたのは、経済そのものが経済決定論では説明できないというパラドックスであった。それは、具体的にはマルクス主義の経済決定論を意識したものであった。経済的な貧富の差が、つまり「階級格差」があらゆる社会問題の原因であると考えるのは、マルクス主義だけではなくて、今日に至るまで経済学の主流の考え方である。むしろ、今日の常識をいち早く作り出した点にこそ、カール・マルクス（一八一八～八三年）やマルクス主義の意義があったともいえる。ところが、実際の社会は経済的な格差だけでは説明できない現象がたくさんあり、しかも、経済的な格差そのものまでが、すべて経済的な原理で成り立っているわけではない。

『プロテスタンティズムの倫理と資本主義の精神』のテーマは、宗教改革の過程で生じてきた「禁欲的プロテスタンティズム」が、実は近代資本主義において大きな影響を及ぼしたのだと論じることで、「資本主義」そのものが、経済ではなくて宗教思想の影響下に成立し発展してきたのだと主張する。ウェーバー流の演出があるとするならば、同じ宗教の中で最も「資本主義」から遠い禁欲主義のプロテスタント思想を対置したことだろう。現世利益の志向を表に出す種類の宗教が、そのまま「経済」の発展を促したのならば、ようするに願いがかなっただけである。これに対して、現世での欲望を全否定するような宗教が、「欲望の体系」（マルクス）としての資本主義の成立に関係しているというのだから、人目を引かざるを得ない。現に、ドイツの学問史の中でも有名な論争が起こり、ひどく短絡的にいえば、今日に至るまで続くウェーバーの名声の基になったともいえる。

『プロテスタンティズムの倫理と資本主義の精神』でのウェーバーの議論が正しいのかどうかという問題は、ここで問うのはやめておくとして、はるかに重要なのは、経済決定論の限界を初期の社会学、特に歴史社会学が強調していたことである。これは学説史上の細かな事実確定や個々の議論についての評価などよりもはるかに大きな意義を持っているといえる。なぜならば、経済決定論、すなわち社会のあらゆる問題の根源は経済であるという考えこそが、まさに今日までの社会科学を作り出してきた考え方だからである。それは、特定の思想や思想についての語りが、「社会」について単に語るだけではなくて、同時に特定の形の社会を作り出していくという事情と深く関係している。多くの人々が、経済こそが最重要であると考え、社会のあらゆる問題の根源は経済であると考えることで、経済中心の社会が生まれる。このことは、宗教的な問題を重視していた社会に住む人々が、日々宗教中心の社会を作り出していた時代の状況を考えるきっかけでもある。もちろん、先に論じてきた「原理主義」についても同じことがいえる。宗教原理主義が、しばしば経済至上主義への反発から生じていることは理由のないことではない。

3　社会を作り出す宗教

若干哲学的な問題に寄り道をすると、社会について語ることはその社会を作り出すことである。ヘーゲル（一七七〇～一八三一年）が『精神現象学』（一八〇七年）で論じた議論に発する考えは、近年では社会構成主義という形で社会科学分野にも影響を及ぼしつつある。「社会」という実在がどこかにあって、それを何らかのやり方で発見するというのが今日まで主流をなしている社会実在主義の立場であるならば、社会構成主義は根底から異なっている。社会について語るということは、そのまま社会を作り出すことであり、社会科学もまた、社会を作り出している。研究者と研究対象の分離を強調する実証主義は、研究者が研究対象に手を加えることを禁止する。それは捏造であって、おおよそ「科学」の立場としてはあってはならないとされる。これに対して、社会構成主義はこの種の立場の実証主義的な科学観そのものが社会科学にとって適合的でない面を強調する。むしろ、社会科学者は「社会」を作り出す主要プレーヤーの一員ではないのかと考えるわけである。

このような社会構成主義から考えると、マルクスやマルクス主義もまったく異なった形で評価できるのかもしれない。マルクスの有名な「フォイエルバッハに関するテーゼ」（一八四五年）の第一一テーゼによると、「哲学者たちは、世界を様々に解釈してきただけである。肝心なのは、それを変革することである」。ここから多くのマルクス主義者たちは、革命思想の源流を読み取ろうとしてきた。何よりも、「変革」というのが彼らの好む言い方なのだろうし、またマルクス自身もそのような線でその文章を書いたのだろう。しかし、マルクス自身よりも深くこの「テーゼ」を読むこともできるはずである。

たとえば、こんなふうに書き換えたらどうだろうか。「哲学者たちは、世界を様々に解釈するだけでいられると考えてきた。しかし実際には変革しているのである」。マルクスが念頭に置いている「哲学者たち」には、フォイエルバッハだけではなくて、ヘーゲルも含まれるだろう。もっといえば、ヘーゲルは人間の「精神現象」が人間の「世界」を作り出しているという問題についていち早く気付いていたのだが、その一方で自分は単に観察し、解釈しているにすぎないとも考えていた。しかし、実際には、ヘーゲルやマルクスの「語り」が現実の世界、そして社会を作り出してしまっているのである。

そもそも熱心なマルクス主義者に、「あなたは社会を単に解釈しているだけですか？」と問いかければ、言下に否定するだろう。むしろ、「自分（たち）は変革するのだ」といわなければ、マルクス主義者ではない。ただし、マルクス主義者にとってひどく残念なのは、自分たちが思い描くような社会を作り出すことはできないということである。誰もが社会について語ることによって社会を作り出しているのだが、自分（たち）の思いのままに作り出しているわけではまったくないのである。

社会構成主義は人々が相関的に作り出している社会への洞察であって、特定の主体が一方的に社会を変革することを考えようとするマルクス主義とは異なっている。ヘーゲル主義者もマルクス主義者も、事あるごとに「弁証法」という言葉を口にしたがるが、彼らよりもはるかに弁証法的に考えるのが社会構成主義であるといえる。

私の考えでは、マルクス主義（やヘーゲル主義）と社会構成主義の根本的な違いは、社会構成主義が自己言及的な発想で考えるのに対し、特にマルクス主義は啓蒙主義以来の科学主義に沿って自己言及を排除して考えようとすることである。元来、「弁証法」というのは、当然自己言及的な方法であり、概念でもあるのだが、科学主義者でもあったマルクスと後継者たちは、おそらくヘーゲルの限界を乗り越えるくらいのつもりで自己言及性を排除しようとしたのだろう。また、それが可能であるとも思い込んでいたのだろう。

これに対して、社会構成主義は、人々が相互的に意図せずに作り出している「社会」に対して、人々の相互的な関与を問う。社会は人々の意のままには作り出されないが、しかし人々の意思によって作り出されているのである。人間は誰もが自分の意のままに自分の生活や社会的地位、名声を向上させようと努力しているのだが、努力の結果がそのまま考えのとおりになるなどということは、ほとんどない。そんなことは、組織を統括する立場で仕事をしている人々にとっては、今さらいうまでもないことだろう。全体の業績が社長の意のままになるのならば、世界中の会社はどこも倒産などしないし、皆そろって優良企業になっているだろう。

問題は、人の意思がそのまま実現するのかどうかということではなくて、他者との関係の中で意図せざる結果がどんどん生じていくこと自体であり、誰も社会を思いのままに作り出すことなどできないという事実なのである。「弁証法」という言葉を用いるならば、マルクスやヘーゲルが毎度口にしていたそれよりも、はるかに弁証法的に、つまり当人自身の考えも含めて弁証法的に「社会」は日々刻々作り出されているのである。それこそが社会的構成なのである。

4　世界と社会を作り出す宗教

宗教は、まさに人間を取り巻く世界について語ることによって「世界」を作り出している。しかも、宗教にとっての世界というのは、まさにその宗教が語る世界だけなのである。そして、宗教について歴史社会学が取り組もうとするならば、過去の社会にあった宗教がいったいどんな形で成り立っていったのかを問わなければならない。

すでに書いたように、宗教の根拠はその宗教だけであり、それ自体を根拠とする循環論によって成り立っている。もちろん、ウェーバーが論じた「禁欲的プロテスタンティズム」というのも、それ自体による循環論であって、外部に根拠があるわけではない。そんな宗教について歴史社会学が取り組むには、それぞれの時代に宗教が果たしていた役割について考え、しかもそのうえで、各々の宗教が作り出していた「社会」について問わなければならないのである。

問題を今日の日本社会に移して考えると、一般に「日本文化」と呼ばれるものに宗教が深くかかわっていることに気付かされる。しかも、それは他の宗教的な伝統からの相違によって説明されることが多い。特に太平洋戦争後にアメリカの影響の下で成立した「日本人論」というのは、日本社会がキリスト教社会ではないという点に出発し、しかも結論付けられる。日本人は唯一神を信じないから相対主義的なのだとか、神に対する責任を感じないから集団志向なのだといった話が、毎度飽きることなく続けられていたが、入口と出口はいつも同じで、結局日本人がキリスト教を信じないのだという点で、西洋人との差異を説明され、多くの場合批判的な形で論じられた。

ただし、社会についての語りは、やはり社会を作り出す。「日本人論」についての語りが「戦後」と呼ばれた時代の日本社会にあってある程度の影響を及ぼしたのは事実で、現に日本人論そのままといった状態が新たに生み出されてきたともいえる。典型がいわゆる「日本的経営」に関連する議論で、大量に売れたビジネス書（経営書）などで日本人論的な決まり文句が繰り返されると、それを読んだ人々が、現実に「集団志向」を実地に移していく。そもそも「日本的経営」などというのは、一九四五年以前の日本には普及しておらず、むしろアメリカの名門企業の経営理念を日本に輸入したのが実際であり、さらに中小企業では、特に零細企業では実現などしていない。そして、「日本的経営」や「日本的雇用慣行」

ができるのは大企業の、しかも「戦後」の高度成長期から、一九八〇年代の、いわゆる「バブル経済」までの条件下であって、一九九〇年代以降の日本では、それらの「崩壊」が指摘されてきた。

まさに社会構成主義的なのは、アメリカ由来の「日本人論」が、元来はキリスト教徒でない「日本人」を非難するものであったにもかかわらず、それを受け取った日本人の側からは、むしろ語るべき独自性、日本的な美風、アイデンティティとして大々的に活用されたことである。とりわけ日本の保守派にとっては、「集団主義」や「集団志向」というのが、いうならば「誇らしい美風」になってしまっていた時期があり、誇るべき「日本の独自性」ということで、外国に向かって積極的に紹介されていたのである。

社会は、まさに特定の形で多くの人々が語ることで作り出されていくのだが、特定の語りが別の人々の中でまったく別の意味で解釈され、説明され、しかも大きな影響を及ぼしていくのである。しかも、特定の形の語りは、しばしば人々の生きている社会の現実よりも優先されることがある。何よりも面白いのは、きわめて個人主義的でしかも独創的な日本人が、「日本人は集団志向で、独創性がまったくない」といったことを好んで口にしたことである。

そして、この種の決まり文句的な言説もまた、いろいろな人々の口から語られる中で、次々と解釈変えされ、元の意味から離れていくのである。まるで語りそのものが次々と生まれ変わり、突然変異を繰り返す生命体であるかのようにすら思えてくるぐらいである。

話を宗教に戻すと、宗教には宿命的な弱点がある。それは、他の宗教が存在するということである。

宗教は、自らの宗教的な語りによって「世界」や「社会」を作り出しているのだが、当然ほかにも可能性がありうる。つまり、他の宗教を作って、やはり同じくそれ自体を根拠にして世界や社会を作り出していくことが、常に可能なのである。

そして、宗教はすべてを論じようとする。この点が、たとえば同じように自らを根拠にして価値を生み出す芸術とは異なっているところである。宗教の根拠は宗教であり、芸術の根拠は芸術だが、芸術は限定された領域で価値を生み出すのに対し、宗教はあらゆる問題をその宗教の観点から論じようとする。たとえば、芸術が特定の宗教の一環として「天地創造」を表現することはあったとしても、それは芸術の主な目的ではない。どんなに偉大な芸術家が実在したとしても、他の人に可能性が残されていないわけではない。別の芸術表現を探せばよいのである。ところが天地創造について語る宗教の場合は、地上の存在のすべてを説明しようとするために、どうしても「他者」という困難を抱え込んでしまうのである。

宗教間の対立という今日の世界の難問が、まさに難問であるのは、すべてを説明し尽くそうとする宗教の性質に基づいている。しかも、同じようにすべてについて語ろうとする宗教が他にもあるので、どうしても対立に向かわざるを得ない。とりわけ自分たちの信仰を明快に提示し、優越性を誇示したがる傾向の宗教の場合は、対立も先鋭化しやすい。自分たちの信仰こそが最高で、ほかはすべてニセモノか、あるいは間違いを含んでいる、不完全で途上の教えである、あるいはすでに超越されているなどと考える場合、対立を避けることは難しい。

ただし、ここで急いで最も大切な論点に注意を向けておかなければならない。それは、宗教についての特定の形の語りが、まさにその宗教を作り出してしまうことである。このことは、しばしば問題になるイスラム原理主義のテロリストたちについて考えてみるとよくわかる。イスラムの教典コーランには、豚肉食を禁ずる記述は一ヶ所しかないのに対して、人殺しを禁じる言葉は何十ヶ所もある。しかし、原理主義者を含めたイスラム教徒が「豚肉」についての戒律を厳格に守るのに対し、なぜか過激なイスラム原理主義のテロリストは、「聖戦」の名の下に殺人を行う。もちろん非暴力を繰り返し説いたキリスト教についても同じことがいえる。世界中の宗教が殺人や暴力を厳格に禁じているにもかかわらず、宗教の名の下での戦争や暴力が古くから続いているのは、まさにこのためである。問題は、特定の宗教の教典がどうであってどんな戒律があるのかということではなくて、むしろ、今日の人々がその宗教についてどういう形で語っているのかということである。つまり、宗教そのものの当初の教理よりも、今人々がその宗教をどのように捉えているのかという問題、つまりどういう形で語っているのかこそが重要なのである。

このため、「宗教は対立せざるを得ない」と語ることによって、本当に宗教の信者は対立してしまうのである。また、宗教が持っている多面的な性格の中から、特定の性格、とりわけ他宗教への攻撃的な側面を説明すると、本当にそういう性格が強まってしまうのである。たとえば、仏教は本来飲酒や肉食を禁じている。しかし日本ではそのような形で仏教を語らないので、日本の仏教はそういう側面を果てしなく弱められている。このため日本では仏僧もステーキハウスで食事をし、宴会では酒も飲む。酒豪と呼ばれる人物も珍しくはないのである。しかし同じ仏教でも、タイやスリランカなどに行けば状況は変わってくる。仏僧が公の場所で飲酒などしようものならば大事件になってしまうということもありえるのである。まさにこれこそが宗教についての語りの作用そのものである。

今日の世界に見られる激しい対立を考えるうえで、日本の仏教が「戒律」に対して示す態度は、宗教をめぐる語り方として意義を持つのかもしれない。つまり、多くの人々が日本の仏教徒が仏教の戒律について語るような語りをするようになるならば、宗教をめぐる流血の対立は減るだろう。しかし、かといって日本の仏教が滅びかけているわけでも、日本の仏教が信仰を失っているわけでもないのである。

そして、このことが今日の日本社会でよくいわれる日本人は無宗教という話についても別の省察を可能にする。しばしばいわれる日本人の無宗教という話は、ようするにアメリカの主にプロテスタント信仰との対比でそういわれるのである。学校や教会で教師や牧師が神への信仰について熱心に語り、日曜日には教会が満員になる。これに対して日本では、学校や政治や行政はおおむね無宗教であり、仏教や神道も社会に向かって自らの信仰について堂々と宣告したりはしない。そもそも、キリスト教の教会のような閉じた会員組織は仏教や神道にはなく、各々は当然のこととして重複し合っている。

かといって日本の仏教や神道の信者が信仰を持っていないのかといえば、そうではない。また、昔は信心深かったのが近年になってそうではなくなったのかといえばそうでもないのである。それはあくまでも日本の宗教のあり方なのであって、それがキリスト教やユダヤ教やイスラム教と異なっているというだけのことなのである。

そして、言い換えれば、日本流の宗教についての語りが日本の宗教を昔から今日まで作り出してきたのであって、それは決して無宗教というのではない。私の考えでは、それは閉鎖的なものとして「宗教」について語らない伝統であり、社会的な意向に従って他の宗教の要素を自由に取り入れていくことのできる寛容さの語りでもある。寛容さの語りは、他の宗教を受け入れる語りであり、他者が大切に思っている聖なるものについて同じく共感する語りでもある。そして、同時に宗教に基づく対立について無関心な語りでもある。たとえば、キリスト教の教義と仏教の教義の間の食い違いや矛盾に対して、あえて無関心に語る。対立を際立たせて、両立不能だと主張するのではなくて、対立点を無関心に語るのである。

それは差異よりも共通について強調する語りである。世の物知り顔の人々はクリスマス行事に興じる日本人の姿を指して、無知であるとか、節操がないとか、商業主義に踊って精神が欠けていると語る。本来ならば、キリスト教の洗礼を受けて特定の教会に所属し、しかるべきキリスト教上の教理に則ってクリスマス、救世主の生誕を祝うべきなのだ、といった語りがそれに続くのだろう。しかし、改めて考えてみると、その種の語りは、ようするにアメリカ人やヨーロッパ人の語りの受け売りであって、大して深い考察が背後にあるわけではない。単に西洋のキリスト教の優位をそのまま口移しに語っているだけなのである。

私は、これに対して今日の日本のクリスマスのような具体例こそが、今後の世界で宗教をめぐる対立について考えるための重要なきっかけや着想を含んでいると考えている。日本人が長く尊敬してきた西洋人が有難そうに祝っているのがクリスマスで、大事そうに拝んでいるのがマリアやイエスであるのなら、自分たちも拝んでみようというだけのことであって、一部の人々がもっと深くキリスト教を学びたいのならば学べばよい。信仰したいのならば信じればよいのである。それだけのことなのである。西洋人がクリスマスを待ちに待った楽しい祝祭であると考えているのならば、キリスト教の信者ではない多くの日本人がそれを楽しんでもよいのである。

それは従来の宗教についての語りとはまったく別物でなければならない。宗教は人間にとって素晴らしいものであるが、人間を目的としなければならない。それは有限の能力を持った人間が自らの人生と自らが暮らす世界について精一杯に解釈しようとした成果ではあるが、完全ではない。礼拝にせよ、抽象的な教義にせよ、種々の祭礼にせよ集団行動にせよ、すべては人間を目的としており、人々を幸せにするものでなくてはならないのである。

私の考えでは、宗教についての語りは、対立によって自分たちの宗教共同体の優位を勝ち取る状況にはない。それはまさに社会学的想像力の領域である。同じように、自分たちの宗教の絶対的な優位を主張する人々が複数直面し、そして対立関係になったならば、相手を絶滅しなければ自己矛盾に陥ってしまう。その種の語りが、宗教にとってひどく負担が多いものであることは、少し考えればわかるだろう。そのことを承知のうえであえてそういう「宗教」を信奉したいと考える人々は、「原理主義者」である。

しかし、宗教ははるかに多くの可能性が含まれているのである。それは他者と共感する語りであり、他者を許す語りである。それは差異を強調する語りとは違う。しかも宗教は共感や許しの言葉を大量に蓄積している。とりわけ信者にとっては各々の宗教というのはまさに共感と許しの源なのである。

5　歴史の語りと宗教

視点を変えると、歴史社会学が宗教について語るには、歴史の清算を視野に入れる知の営みとしての役割も重要になってくるのである。それは過去の流血の歴史を復讐の対象としてではなくて、共感と許しの対象として生産していくことである。また同時に、「歴史」についての語りを変えていくことも意味している。

これまで、歴史は対立と支配についての語りばかりに集中してきた。A民族がB民族を打ち倒して支配した。B民族は自由のために立ち上がり、A民族から自らを解放した。A教徒がB教徒を改宗させた。B教徒が自由の天地を求めて移住した。偉大なA王が愚かなB王の統治する国を打ち破り巨大な帝国を建設した、といった調子で、歴史の語りは常に打倒や解放、支配や隷従といった話ばかりである。そして、昔の政治史の語りが、そのまま経済史などにも流れ込んでいて、強い資本家が弱い労働者を支配して、労働者が団結して支配階級を打ち破る、といった語りが当然のように組み込まれてしまっている。まさに昔ながらの歴史の語りそのままなのである。

私が考えているのは、このような歴史の語りそのものを変えていくこともまた、歴史学ではなくて歴史社会学の役割なのだということである。歴史学は、とりわけ専門歴史学の場合、特定の型の知識を深めることは得意でも、「型」そのものを問い直すことは不得意である。むしろ、理論的な視点を持った社会学の方から「型」、つまり語りの様式に問い直しをほどこした方が無用な対立を避けることになる。

当然のことながら、歴史は歴史について語ることによってできあがっている。語りにはそれぞれの型（方法）があり、それぞれの型に沿って「歴史」として書かれていくのである。もちろん、その語りを変えることは、歴史学そのもののあり方を変えることでもある。宗教をめぐる歴史社会学がまさに「語り」を変えることとは、多くの人々が「歴史」と考えているものを根底から変えることでもあるからである。

宗教こそは、まさに語りによって生じ、循環的再帰的、自己言及的に再生産されるものの代表であり、語りの形を変えることに最も影響を受ける。異なった形で宗教について語ることは、そのまま異なった宗教を作り出すことでもある。宗教家が決まって強調するように、宗教は人間の言葉では語りえぬものについての考察だが、語りえぬものについて語ることによって、語りえた部分を常に作り出しているともいえる。人々はしばしば「あらゆる宗教の根源は同じだ」と明言するが、仮に根源は同じであるとしても、それについての語りの形は各々大きく異なっている。そして語りは語りについて語ることによって作り出されていく。それは、宗教間の相違そのものまでも含めて、人間にとって語るということの意義を問い直すきっかけでもある。歴史社会学はそんな循環的再帰的、自己言及的な思考を、時間の流れの中で考えていくのである。

宗教の例は、おそらく人間がいかにして社会を作っているのかという問いに、最もわかりやすい形で答えてくれるだろう。理由は簡単で、宗教の根拠はその宗教だからである。宗教には外部に広がる環境が少ない（狭い）。しかも、外部からの批判や攻撃があっても、それらがかえって宗教内部での結束や独自性――アイデンティティ――の強化につながることが多い。批判されればされるほど、攻撃されれば攻撃されるほど、宗教の結束は強くなる。しかも、宗教は人々に生命までも犠牲に捧げることを要求する。「殉教」という言葉は、深い感慨を引き起こす。それは、すでに歴史上であまりにも多くの事件を想起させる。

まさに「殉教」という言葉が典型的なように、宗教をめぐる語りは人々の心を惹き付け、感情を高ぶらせる。理由は、おそらく宗教が狭い範囲で循環していることと関係しているのだろう。経済や政治は、あまりにも多くの外部とつながっていて、むしろ外部とつながっているからこそ有意義なので、自分たちとは別の考えを持っている人々が存在することを思い浮かべるのが容易である。誰もが大金持ちや大会社の社長になること、自治体の長や国会議員になることばかりを目的にして生きているわけではない。

人間は金持ちでなくても、権力者でなくても、多くの人々に尊敬されていなくても、生きていくことができるからである。「……ばかりが人生じゃない」といった型の語りが、説得力を持つのである。

ところが、宗教の場合は、狭い範囲で循環していて、外部が重要ではないために、すぐに極端化しやすい。「信仰か死か」といったレトリックがすぐに登場してしまう。そして、自分が普段から親密に交流してきた人々が、自分の払った犠牲を最大限に尊重してくれると信じるならば、人はおおよそどんなことでもすることができる。できてしまうのである。

このように考えてくるならば、宗教という問題を歴史社会学的に考えることの意義もかなり明らかになってくるだろう。社会学は、世界各国の数千年にわたる宗教の歴史について、独自の理解を提供することができる。もちろん、近年の宗教をめぐる国際情勢についても多くの考えを与えられる。歴史社会学は宗教を「狭い範囲で循環している人間関係」と捉えることで、たとえば、宗教の世界で長年にわたって続けられてきた論争に別の理解をもたらす。

それは、一旦自分たちの循環の外部に出て自分たちについて考える自己言及の知である。よく似た考えに基づく宗教同士が、お互いに自分たちが正しくて相手は間違っていると主張し合う場合、各々の宗教の内部で循環しているだけならば、相手は冒瀆者であり、悪魔であり、許すことのできない絶対悪である。

しかし、一旦外に出て、自分たちを見直すと、そこには「狭い範囲で循環している人間関係」が見えてくる。もちろん、そのこと自体が良い悪いというのではなくて、人間は認識の次元で、「外部の視点」を確保することが可能なのだということそのものが重要なのである。

そして、外部の視点を確保できたならば、宗教――「狭い範囲で循環している人間関係」――が、人々に与えてくれる素晴らしい報酬と、反面で人々に強いる辛い代償の関係が見えてくることになるのである。

報酬と代償、利点と欠点が背中合わせにあり、しかもそれらが語りによって成り立っているのならば、代償よりも報酬、欠点よりも利点を強調する語りの方が人々に有利なのではないだろうか。同じ語りならば、人々を幸せにする語りこそが望ましい。幸せにするというのを、「役に立つ（実用的、プラグマティック）」と読み替えるならば、プラグマティズム（実用主義）の思考に近づく。

プラグマティズムの定義は昔から様々だが、あえてあいまいに説明すれば、複雑な世界の中で人間が繰り返し効果や意義を検証できる可能性が高い行動に力点を置くことである。可能性が何らかの形で厳密に検証可能ならば可能な限りの厳密性は求めるが、その可能性が本当に真なのかどうかは問わない。それを問う作業は、可能性によって得られる利得よりもおそらく少ないからである。もちろん、検証可能性についてのこの種の問いは、永遠に循環する。何らかの判断が行われるならば、その根拠を問うことは可能だからである。そして、無限に連なりうる検証と反証の可能性を「実用性がない」といって断ち切るのもまたプラグマティズムの特徴である。

そして、プラグマティズムには弱点がある。それは、ある時点においては有効だが、時間の経過を経て後の時代には、無意味となりうる可能性が高いことである。ある時代では有効だったが、後には無効になる。そして、このような弱点こそを深く自覚しているのが、最も深い意味でのプラグマティズムなのである。

歴史社会学は、おそらくプラグマティズムにとって最も大きな脅威であると同時に、最も心強い同伴者でもある。「役に立つ（実用的、プラグマティック）」こととは、時代によって大きく異なっているが、各々異なっていることの根拠も、また歴史だからである。ただ視点が異なっていて、常に動いている人間と社会について、「役に立つ（か）」という視点で考えるのがプラグマティズムであるのに対し、「変化」を問うのが歴史社会学である。視点は異なっているが、互いに補い合うことは、可能であるというよりも、むしろ必要だろう。

このように考えてくるならば、宗教というのが独自の実用性を持っていることが実感できる。何が実用的であるのかということについて、宗教は自らを根拠として語り続けることによって、すべて決定できてしまうからである。宗教の根拠は宗教そのものなので、過去に対する歴史的な意義も、現在や未来に向かっての実際上、現実的な意義も、根拠付けられてしまう。宗教にとっては、今ここで同じ信仰を共有している人々にとっての「根拠」が備わっていれば、それでどんなことでも可能になってしまう。そのことは、政治上の実用性や経済的な現実と一般に呼ばれているものに比べてはるかに「実用的」であり、「現実的」であるといえる。政治や経済は常に他者（外部）、別の価値を共有し、別の根拠を提示する人々との相互関係によって成り立っているが、宗教の場合そのような関係は無意味ではないとしても二次的な優先順位になってしまうからである。

語りという問題に戻るならば、多くの人々が宗教に大きな価値を見出してきたのは、宗教がしばしば人々を幸せにする語りを提供してきたからである。言い換えれば、幸せにする語りこそが多くの人々にとって、宗教の実用性なのである。語りによって宗教は生み出され、内部で循環するのと同時に、語りによって宗教は無数の人々の人生に影響を与える。もちろん、それは反面で悲惨な結果をも伴うことがある。

ただ、本書で宗教の独自性にこれ以上深入りするのは避けることにする。それは歴史社会学の課題というよりも、宗教という形をとる人間の知、認識そのものについての探究だからである。宗教とは別の知である科学が人類の知の主流を占めるようになって久しいが、それでも宗教は根強く生き残っている。まさにこの点にこそ、宗教の「語り」の変わることのない強い影響力を知るべきなのだろう。

第6章 ● 歴史と消費社会

1 大量生産と技術革新

人間は必ずしも経済的合理性だけで行動しているわけではない。これが現代の社会学が行き着いた知見で、経済的な合理性は、むしろ人々の様々な欲求を満足させるための手段でしかないと、社会学は考える。ただし、この問いは様々な立場の社会科学の間で、「どちらが正しいのか？」という難しい決定を強いることになってしまう。つまり、煎じ詰めれば経済学と社会学のどちらが正しいのかという難問である。

そんな難問に回答するというよりも、むしろ参考になる知識が歴史にある。本書で何度も繰り返し論じてきたように、過去の社会は今の社会と違っている。過去の社会に生きた人々は今の人々とは違う考え方を持っており、違う生き方をしていた。たとえば社会学や経済学が用いる「消費社会」という言葉について考えると、過去の社会ではずいぶん状況が違っていたことに気付く。過去の社会では食糧と衣料が高価で、住居や土地は今に比べて安価だったが、今では逆転している。それに応じて、人々にとっての消費も変わってきた。

今日の社会にも過去の社会の名残がそこここに残っている。成人式に高価な振り袖を買うことや、結婚式で盛大な宴会を開くこと、あるいは正月や盆、クリスマスといった特定の時期に特別な料理を食べる習慣は、食料や衣料がそれだけ大きな関心を集めていたことを暗示する。ケーキや餅は、今日ではスーパーマーケットで普通に売られている商品（コモディティ）でしかないが、昔の社会では特別な意味を持っていた。

しかし、社会の大きな変化の反面で、変わらない人間の性質もある。それは、貴重であるからこそ社会的に意味があるということ。逆にいえば、ありふれてしまったならば価値が減ってしまう。昔の王侯貴族、権力者は、洋の東西を問わず、たくさんの人々を集めて豪華な食事をふるまうことで自分の威信を高めていた。地域の有力者も同じである。食糧が貴重であるからこそ、それを惜しげもなく分配できる人間は特別だということになる。逆にいえば、食糧がありふれていては食事で威信を高めることは難しい。すると、普通では食べられない食材や、特別な人が調理した料理が貴重であるということになる。有名なレストランや高級料亭が果たしている役割もかなりの部分でこれである。

そして、人々は貴重なものを何とかして量産しようとする。ただし、それが成功すると貴重ではなくなってしまう。多くの人々が求めていながら少ししか供給されないものは、少ししかないから貴重なのである。ありふれてしまったら、貴重さは台なしで、陳腐になってしまう。結果、人々はまた別の物に関心を移す。たとえば、一九五〇年代、六〇年代に日本で自家用車を所有していることは、特別なことで高い収入と地位を象徴していた。ところが、二一世紀の今日ではそうではない。人々は身のまわりに何らかの形で貴重なものを発見し、追い求め、量産に成功し、陳腐化する。この過程は永遠に繰り返されていく。過去から現代まで、そして未来に至っても、変わることがないのがこの繰り返しである。

消費の歴史は貴重と陳腐化の歴史である。人間はこの過程をやめることなく続けることによって消費に歴史を生み出すともいえる。誰もがほしがるものを皆が所有でき、利用できるようになったならば、そこで人々が満足して、安定した社会、変化のない社会が続いていってもよさそうである。しかし、おそらくそんな社会は人間にとって決して幸せな社会ではないのだろう。

理由はどうであれ、人間は新たな消費対象（消費財）を次々と作り出し、発見していくことで、それまでとは異なった生活を可能にしてきた。同時に、新たに作り出すことや発見することに長けた人々が社会的に恵まれた地位や富を確保し、それ以外の人々との間に格差を生じさせてきた。二〇世紀末から二一世紀のはじめにかけても、コンピュータ技術をめぐる様々な発明や技術革新が、それまでになかった商品を生み出し、同時に大勢の「ＩＴ長者」を生み出してきたのは記憶に新しい。

しかし、これらの発明や技術革新も、普及していくことで量産され、陳腐化していく。この普及から陳腐化という流れが、まさに現代の消費社会の基本である。どんなに画期的で大きな影響力を持った発明や技術革新でも、一時代を作り出す商品でも、陳腐化してしまう。供給する側、売る側からすれば、飽きられてしまったならば意義の多くが失われてしまう。

ただし、問題は単に商品を開発して量産販売する業種にとどまるわけではない。むしろ、現代の社会が過去の伝統的な社会と違うのは、人間の生き方そのものまでが陳腐化してしまうことである。

たとえば、ある時期には社会的に高い評価を受けていた職業が、次第に評価されなくなるということがしばしば起こる。理由はいろいろあるにせよ、最も大きな理由は、高い評価その他によって多くの人々がその職業に就こうとした結果、職業自体が供給過剰になってしまうことである。また、技術革新によって業務そのものがコンピュータ技術で代替されてしまうこともある。

誰も彼もという調子で多くの人々が殺到すると、量産が起こり、そして陳腐化がやってくる。また、特定の職業や資格、地位といったものは、それを持っている人々が少数で、貴重な人材だから高く評価され、また高収入その他を享受できる。それらがありふれたものになってしまったのでは評価も下がり、収入も下がってしまう。

供給過剰によるにせよ、技術革新によるにせよ、今日の社会に広く見られる陳腐化や価値低下は、今日の人々の生活にとっても人生にとっても大きな影響を与える反面で、それ自体非難される現象ではない。自分が就いている職業の評価が下がり、収入が減るのは当人にとっては辛いことで、不快でもあるのだが、そこに何らかの悪徳が介在しているわけではない。どこかに悪者がいて罪のない人々を苦しめているわけではない。

もちろん、品物や業務を安く提供される人々は利益を受けるし、技術革新でいろいろなことが便利になることを非難する必要はないだろう。しかも、現代の社会は以前よりもますます複雑化しており、供給過剰や技術革新によって利益を受ける人々と不利益を被る人々の関係もまた複雑化している。簡単にいえば、多くの人々がその両者なのである。

自らも利益を受けていながら、同時に不可抗力の力によって不利益を強いられている。そんな実感が現代の人々には行き渡っている。便利なものには費用もかかる。利益と不利益はしばしば表裏一体で、一方をとって他方を避けるというのは難しい場合が多い。しかも、自分たちだけは利益だけを独占できるといった方策や約束は、しばしば失敗し裏切られるか、あるいは倫理的に問題を抱える。負担を他人に押し付けて、利益だけを「ただ乗り（フリーライド）」するといった状況である。

量産や技術革新による利益と不利益の共存は、これまでも様々な人々によって論じられてきた。古い時代の社会では技術水準が低く生産性が低いためにあらゆる供給が不足していた。特定の技能を持つ人材は貴重で、多くの人々に尊敬された。貴重な品物はそれだけ入念に作られていたので、後の時代では不可能な精緻さや名人芸を観察できることも多い。「昔の職人ははるかに巧かった！」といった言い方が、工芸などの各方面でされるのはこのためである。

また、たとえば知識を元手に仕事をする「先生業」は、古い社会では高く尊重され、近代化へ向かう過渡期にはさらに高く尊重されるが、消費社会では価値が相対的に下がってしまう。日本の例で考えると、明治から昭和初期の「大学教授」(「帝大教授」)は社会的威信の点でも収入の点でも日本社会の頂点付近に位置していたが、今ではその面影はない。医師や弁護士といった「先生業」も同様である。大学がたくさん増設され、町に医師や弁護士があふれるようになると、「先生」はありふれた存在になってしまうからである。

人々が特定の価値を尊重し、それが多く供給されることで陳腐化するという過程は、ある側面から見るとひどく乱暴で不正なことのようにも思われる。神聖な価値が冒瀆されるというわけである。多くの人々は、それを「貨幣」や「市場」と結び付けようとしてきた。供給が増えれば価格(価値)も下がるというのはまさに市場の原理だからである。どんな価値でも、日々刻々、需要と供給で市価が決まってしまう。

そんな関係に対して強い敵意や反感を感じる人がいるのは当然だろう。自分が高い価値を見出している仕事や地位が次第に価値のないものになってしまう。以前のような尊敬を得られなくなってしまう。せっかく手に入れた資源も陳腐化してしまう。その原因として何らかの不正が介在していると考えることも自然なことなのかもしれない。

この結果、しばしば市場や貨幣は不正を暗示するもの、悪しき力の介在を暗示するものと見なされるようになる。尊い営みや価値を「カネで売り買いする」。あるいは「すべてをカネで計ってしまう」「カネでしか評価しない」といった言い方は、実際にカネが行き交う市場への敵意とともにしばしば登場する。

文学の世界でも、すでにシェイクスピアの時代から「金貸し」は悪者であり、「ヴェニスの商人」のシャイロックの後継者たちは代々悪口雑言を浴びせられてきた。現代に至っても市場と貨幣に深くかかわる人々はしばしば悪者の役を引き受けさせられる。多くの人々が不満を感じているのならば、それを解消するには、不満を一手に引き受ける犠牲者を作り出すのが手っ取り早い。「スケープゴート」といえば、弱々しくて無力な印象だが、大きな力や影響力を持った有力者でも好都合である。そもそも、その種の有力者は多くの人々の嫉妬心の対象だからである。

このことは今日でも社会について考える際に注意が必要だろう。現実に困窮している人々や不利な状況に置かれている人々がいるので、どこかに「悪者」を発見したいと考えることは人間のやむことのない性向なのかもしれない。そして、そのような性向に応える形で様々な社会科学が「悪者」を提供してきた。

しかし、残念ながら多くの問題は複雑な関係に組み込まれている。「先生業」が権威を失ったとしても、それは知識がそれだけ普及したことと関係している。

2　消費の文化

様々な商品が登場してはもてはやされ、そして陳腐化していく社会は、独特の消費文化を伴っている。歴史社会学にとって消費文化は、まさに過去の社会との違いを際立たせる目印でもある。

消費の文化を考えるうえで注意しなければならないことは、実は言葉の問題である。人は言語を使って考えているつもりでいながら、実際には言語に考えさせられていることがある。あるいは特定の言い方を慣例として使っていると、特定の型の思考に誘導されてしまうことがよくある。

社会問題と呼ばれるものを論じる際の言葉も、多くは古い社会の言い方をそのまま使っている。最も典型的なのが「食べていけない」という言い方で、二〇〇年前の日本語話者が「食べていけない」という場合、栄養摂取困難による飢餓を暗示していた。食べるものが手に入れられなくて、極端な場合餓死するということである。

しかし、今日でもよく使われる「食べていけない」という言い方を、今の人々が口にする場合、それはかなり大雑把な比喩である。しかし、比喩として使っていた言葉が、しばしば飢餓や餓死、栄養失調という印象を呼び起こし、人々が実際にそうなってしまうかのような印象につながることがある。

たとえば、「給与が目減りして、これでは食べていけない！」という言い方は、実際には消費生活の水準が大きく低下するという意味であって、当人が餓死の危険に陥っているという意味ではない。ただ、このような言い方を続けていると、多くの人々が命の危険にさらされているような印象を受けてしまう。まさにこれが言葉の罠である。時代や社会情勢が変わっても、言葉だけは過去から継承されているため、古い時代の印象を言葉のうえに残してしまう。逆にいえば、単に消費水準の低下、自動車や自宅を手放すとか、外食の機会が減るといったことが、言葉のうえで、「餓死」や「栄養失調」と直結されてしまうことを利用しているともいえる。つまり、消費生活の水準低下は、死活的な問題なのだという修辞（レトリック）上の表現である。しかし、実際には車や自宅を手放しても人は餓死するわけではない。

消費の文化は、新しい商品の登場と陳腐化を多くの人々が次々と経験していく中で生まれてきた。もちろん、その場合、特定の人々、特定の勢力が人々を誘導し、だまして消費に駆り立てているというわけではない。有力な広告代理店やメディアがしばしばその種の「悪者」として意識されるが、それらとて意のままに情報を操っているわけではないし、自分勝手に文化を創り出しているというわけでもない。

仮にそんなことができたとするならば、広告やメディアは現在あるような形とは別のものになっているだろう。それは権力の問題とははるかに直結し、より強制力の高い絶対的な情報機関である。ただし、その種の情報機関が実在する独裁国家では、多くの人々は機関が発する情報をそのまま信じることはしない。情報の発信元が明確なので、人々は単に「お上の意図」「権力の宣伝」であると考えるようになるからである。

これに対して、消費の文化はもっと複雑な関係の中で生じている。特定の商品を開発して売り出す人々はその商品がいつまでも高い価値を持っていることを望む。自分が売っている商品が陳腐化することを願う生産者などいるわけがない。知識や資格も同じで、それで生活していたり、それらがアイデンティティの中心になっている人々は、知識や資格が陳腐化したり、地位低下したりすることは絶対に望まない。むしろ、いろいろな方策を用いて、必死に防衛しようとするだろう。しかし、そのような人々の努力にもかかわらず、価値が低下したり、陳腐化したりするという状況は起こってしまう。

そして、多くの人々は知識が普及することや商品が安く手に入ることによって、現に利益を受けている。陳腐化と普及はまさに表裏一体で、一方を捨てて他方をとるなどということはありえない。消費の文化は、食料や衣料のような生命を維持するのに必要な資源ではなくて、実はなくても生きていくことができる商品が次々と登場しては陳腐化していく過程が生み出した文化である。

ただし、文化というのは人間にとって決して軽視できる現象ではない。むしろ、文化の要因こそ人々を行動に駆り立て、また生活の幸福感や充実感の根拠となりうる。ある種の人々は高級車やブランド品の消費を不条理だと考えるし、カネの無駄遣いだと非難するが、これらが人生の目的やアイデンティティになっている人々も多い。もちろん、その種の高級品も供給が多くなれば陳腐化を免れることは難しい。消費の文化はまさに刻々と変わっていく供給や技術発展による動態と連動している。

誰もが憧れる商品を手に入れ、高い地位に就くことが人々の充実感や幸福感の条件であるとしても、それらを固定することはできない。また特定の価値を絶対化することもできない。重要なのは常に動いているとことであって、動きに乗り遅れたり追い付けなくなったりすると陳腐化する。まさにこの動きが驚くほど速いのが消費文化、さらには消費社会と呼ばれる社会の特性なのである。

過去の社会を考えるならば、このような動きはおおよそ考えられなかった。人々が生まれながらの身分で固定されているような社会では、消費も身分相応である。家柄の格式で家屋の外見や乗り物――たとえば、日本の駕籠《かご》やヨーロッパの馬車――の形まで決められるといった社会では、消費はそれ自体が社会的規範であって個人の選択ではない。

これに対して現代の消費社会では、消費は人々の選択の問題である。所得の多くを自動車に費やすのも、住宅ローンにつぎ込むのも、貯蓄するのも、金融商品を買うのも、ギャンブルに使うのも、基本的に自由で何らかの外的な機関が決めているわけでも、権力が強制しているわけでもない。

その一方で、自由な消費の結果はそれぞれの人々が引き受けなければならない。浪費的消費の結果は、当然自己責任ということになる。ただし、消費に文化の問題が関係してくると人々の対応もまちまちになる。消費の文化が人々に過大な消費を強いる場合、消費する当人はそれがごく自然の、当然の行動であると考えている場合があるからである。いうならば儀礼としての消費である。周囲の多くの人々が高級車を持っている住宅地に住んでいる人は、自動車に対して関心がなくても、また収入が多くなくても、自分もまた高価な自動車を購入することがある。

この種の消費は、実用性とも経済的な合理性とも別の、文化的な要因による行動であるといえる。そして、人々はしばしばこの種の文化的な要因を、個人の抵抗力を超えた命令として受け止める。選択の余地はなく、それをするのが当然であり、消費によって生じた経済的な困難は当人の責任ではないと考えるのである。

個人の責任を厳しく問う人ならば当然本人の不条理な浪費を非難するのだが、当人は浪費とは考えていない場合が多い。そして、当人が好んでいるわけでもないのに、経済的な困難に陥っていく。まさに、ここにこそ消費の文化の問題点がある。

消費文化がもたらす困窮については、しばしばメディアやメディアを使って商品を宣伝する企業や広告会社に非難が集まる。「人々に身の丈に合わない浪費をあおっている」といった非難である。しかし、現実の人々の消費生活がメディアの宣伝によって意のままに操られているのかといえばそうではない。

むしろ、宣伝を打つ人々は、自分たちが売りたいと思っている「商材」の主な顧客層を研究し、人々が求めているものを見極めようとする。これこそがまさに「マーケティング（市場調査・市場研究）」と呼ばれる仕事で、この点で誤りを犯すとどれだけ大きな企業体、宣伝媒体でも失敗を犯すことになってしまう。いわゆる「売れなかった商品」「不発の企画（キャンペーン）」である。もちろん、そんな失敗を続けてしまっては会社も売り上げが減ってしまい、極端な場合倒産してしまう。

また、予想外に売れた商品、意図していた顧客層とは別の人々に売れてしまった商品というのもある。マーケティング界で長く語り草になるような商品がまさにこれで、製造する会社も広告する人々も予想外の結果に驚くことになる。

ただし、一旦できあがった消費の文化をあおり立て、一層極端な形にするうえで宣伝が大きな役割を果たしていることは、検証は困難かもしれないが、仮説としては考えられる。何らかの商品が売れると、同業者は我も我もという調子で類似の商品を開発投入していく。そして、さらに多くの消費をさせようとするというわけである。

しかし、人目を引く広告——そもそも、広告は人目を引くことを身上とするが——を取り上げて多くの責任を押し付けることには限界がある。同様の種類の商品があまりに投入され、同じような広告が登場すると、消費者は飽きてしまうからである。しかも、陳腐化が早まってしまい、価格を下げなければならなくなる。

では、消費の文化にあって、人々は何を基準にして商品を買っているのか。この場合重要なのは、同じ消費社会に暮らす自分自身がいったいどのような消費行動をしているのかということを立ち止まって考えてみることである。たとえば、高価な商品を買う場合や、自分が「趣味」と呼んでいる行動がどのような社会的関係で成り立っているのかということを考えてみるのである。

すると、決してテレビのいいなり、広告の意のままに動いているわけではない自分自身に突き当たる。むしろ、宣伝などよりも周囲の人々の行動や、人々が「常識」「普通」であると考えている消費が与える影響の方がはるかに強いことに思い至るだろう。メディア広告は、むしろそれらを呼び覚まし、助長することで成り立っているのである。

まさにこれこそが「文化」と呼ぶべきもので、人々は特定の思考様式や生活様式を他の人々と共有し合うことで生活している。もちろん、人間関係はその場その場で生じては消える「点」の関係ではなくて、長く続く「線」の関係である。たとえば、ある地域に暮らす中年男性の生活を考えるならば、若い頃から乗り換えてきた自動車の記憶が周囲の人々の間で共有されている。しかも、自動車というのは家とともにステイタスシンボル（社会的地位の象徴）という性質を持っているので、今まで高級車に乗ってきた人物がいきなり経済的な自動車に乗り換えるのは難しい。

もちろん、家はそれ以上で、各地の農村にそびえ立つ旧家の「お屋敷」はまさに地域の人間関係、社会関係の象徴（シンボル）そのものである。これらの場合、自動車も家も個々の人物の自由な選択ではなくて、文化的に共有される義務であり、また権利でもある。

古くからの伝統が残り、古い時代の価値観が残っている農村に対して、都市の住民が緻密な人間関係から解放されているというのは、長らく社会学の主要テーマの一つであった。農村の人々は狭い人間関係のしがらみに拘束されていて不自由だが、都市の人々は広くて希薄な人間関係で自由に暮らしているというわけである。

しかし、都市住民が無条件に自由なのかといえば、疑問である。都市住民もまた人間関係の中で生きており、やはりそれに応じた文化、消費の文化の中で生きている。都市にも農村とは違った関係があり、都市住民の人間関係が農村の人々のそれに比べてより希薄で、都市住民がより自由に暮らしているのかどうかは簡単には判断できない。狭い地域に密集した人間関係が長期にわたって続くという点では、伝統的な社会の名残を残している農村社会は確かに濃密な人間関係である。人員の移動や入れ替えを伴った都市的な人間関係が農村に比べて本当に希薄であるのかどうかは別問題だろう。

むしろ個々の人々がそれぞれ異なっているはずであり、ある種の人々は緊密な人間関係と消費が直接つながっており、少なくとも当人の考えでは多くのことに優先される。近くに住んでいる幼なじみの友達と高級車に乗ってドライブすることが、ある人にとっては、その他の生活に優先するということはありうる。他の消費についてもそれぞれに様々な意味付けがあり、それぞれ通常よりもはるかに重視する人がいる。まさにこれこそが文化の特性である。文化はそれを共有する人々にとってはしばしば何にもまして重要だが、共有しない人々にとっては理解困難だからである。

3　消費社会と自己責任

消費の文化の場合、時に高額の支出を伴うことがあり、それによって多くの人々が経済的な困難や社会的な地位喪失を被ることがある。ただし、当人がいくら困難な状況に陥ったとしても、特定の「悪者」がそれを直接的に引き起こしているわけではない。それは、最終的には、自由な経済活動（消費）に伴う自己責任ということになってしまう。

自己責任の問題は、歴史社会学にとって重要である。理由は簡単で、古い時代の社会には、自己責任を負う人々とそうではない人々の区別があったからである。さらに古い社会、たとえば奴隷や農奴といった身分の人々が大勢いた社会で、その種の人々はおおよそ自己責任とは無関係に暮らしていた。理由は簡単で、当人に選択の自由がないからである。唯一ありうる責任は、逃亡した場合や、主人や領主に反抗した場合である。そういう行動に向かった人々は、しばしば最も残酷な形で処罰された。

これに対して、現代の消費社会に暮らす人々は、いうならば「消費という自由の責任」を負わされている。無駄遣いやギャンブルで生活が苦しくなるのも、逆に貯蓄や投資で豊かになるのも自由で、結果はすべて自己責任というわけである。

ただし、この種の自己責任論に、どうしても不信感や反感がつきまとうのは、人々が本当に自由に暮らしているわけではない、消費は決して自由ではないという意識があるからだろう。たとえば、社会の常識に反して、また両親や友人の反対に逆らって芸術活動に没入した結果、経済的に困窮するならば、当人もそれが自己責任であると自覚しているだろう。「自分が選んだ道」という言い方がある。昔から、自由には代償がつきまとうわけで、一般の人々の生活と異なった生き方を自発的に選んだならば、その結果も承知しているのが普通である。

これとは違って、自分はごく普通に、一般の常識に従っており、何の贅沢もしていない、浪費もしていないと考えている人物が、経済的に困窮する場合は、かなり状況が違ってくる。当人はあくまでも「普通」であると考えているのに、なぜか困ったことになっているというわけである。この場合、人々はしばしば何か普段は意識されない大きな不正があって、あるいは何か悪を企んでいる集団や団体があって、それらのせいでひどい目にあっているのだと考えやすい。

しかし、実際には人々はまわりの人々や親しい人々と特定の消費文化を共有することによって消費を行っている。だから、それが「普通」だと考えるのである。特定の地位で特定の年収の人は、どういう家に住んでどういう車に乗って、どういうところで食事をして、余暇やスポーツは何で、趣味は何といった、比較的固定した決まりごとのようなものが、多くの人々の生活を覆っている。そこから外れても、実際には大した罰を受けるわけでもないし、多くの場合、せいぜい「変わり者」「こだわりの強い人」、あるいは「倹約家」「ケチ」という評判が定着する程度である。

それにもかかわらず、多くの人々はやはり特定の消費文化に従っている。まさにこれこそが消費文化の中心問題である。つまり、人々は自由であると考えながら、実際には不自由な消費生活を送っているという、その仕組みが重要なのである。

そして、この問題を歴史社会学の視角から考えるならば、人々が考える「自由」というのが歴史的に変わってきたことが注目される。つまり、昔の人々は生活様式を変えることが制度的にできなかったのだが、その代わり今日の人々は文化的に拘束されている。文化的拘束と制度による拘束の違いは、制度的拘束が基本的に変更困難なのに対し、文化的拘束はかなり自由に変更できることである。しかも、自由を感じる人々と強い拘束や不自由を感じる人々との間に大きな違いがあるのが文化的拘束の特徴でもある。

かなり自由気ままにふるまう「変人」や「変わり者」あるいは「無頓着な人」がいる一方で、多くの人々は強い拘束によってがんじがらめになっている。誰も公的に強制されているわけではないのだが、多くの人々は自ら拘束に向かっていくように見える。「自由」の下で自分から特定の型にはまった行動に向かっていくというのが、消費の文化が作り出している社会である。

まさにこれこそが消費社会にあって人々が尊重する「自由」で、一部の人々は消費文化を利用することで経済的に大きな成功を収め、他の人々よりも豊かな生活、経済的に恵まれた生活を送ることができる。アメリカの経済学者ジョン・ケネス・ガルブレイス（一九〇八～二〇〇六年）が論じた『ゆたかな社会』（一九五八年）は、その仕組みを知っている人々にとって豊かな社会であった。それは消費社会の仕組みを知っている人々と知らない人々の間に大きな格差を生じる社会である。経済学者がいう「合理的な選択」を続けていくことができる人々が豊かになる一方で、それができない人々は貧しくなってしまう。

ガルブレイスが有名な『ゆたかな社会』を書いた動機は、従来の経済学が古い時代の貧困や欠乏といった言葉を使っていつまでも考え続ける一方で、現実の社会は変化してしまっているという意識であった。本書でも、一例として「食べていけない」という言葉が引き起こす語感と、今日の人々がこの言葉を使う場合に指し示している含意がずれていることを指摘してきた。経済学でいえば、経済学者は一九世紀以前のデヴィッド・リカード（一七七二〜一八二三年）やマルクスの言葉で「豊かな社会」を論じようとする。もちろん同じことは、今日の多くの社会学者についても当てはまる。しかし、実際には今日の貧しい人々は飢餓の脅威にさらされているのではなくて、消費社会の趨勢に付いて行くことができないのである。簡単にいえば、広い家に住むことができない人々、新車を買えない人々、そして、あるいは安価な中古車に長年乗らざるを得ない人々、そして、それらさえも不可能な人々である。

当人がどのように考えるにせよ、消費社会——「豊かな社会」——に住む人々は、周囲に暮らす人々、よく知っている人々に比べて豊かであるか貧しいかという比較で考える人々である。問題は他者との比較、相対的なあり方である。「相対的貧困」や「相対的剝奪」という用語が、社会科学の文献にしばしば登場するのも、まさにこの相対性こそが重要だからである。

古くから言い習わされてきたように、人ははるかに上の立場の人々に対して嫉妬することは少ないが、身近な人々の羽振りのよさには耐えがたい。王侯貴族の豪華な生活には感嘆の声をあげるが、隣の家族の海外旅行には腹が立つ。

このように考えてくると、消費社会の問題、あるいは消費文化の問題が、人間の社会にあって永遠に生じ続けると思われる問題が、次々と形を変えて登場していることがわかってくる。永遠に生じる問題とは、他の人々との比較によって、人々が満足や欠乏を感じるという事実に基づいている。そして、これは古くから宗教が課題としてきた問題でもあった。

たとえば、仏教は他者との比較によって生じる心の動き自体を超越しようとしてきた。あるいはキリスト教のような救済宗教ならば、貧富の格差が存在する世界（世俗、現世）の意義を否定して、絶対神による救済によってすべてが解決されると主張する。宗教は基本的に人々が現にある状態を、否定的に考えようとする。人間を今ある状態から別の好ましい状態へと移行させようとするのが宗教だからである。

これに対して、社会学は現にそうである人間の問題そのものを理解しようとする。歴史社会学は、過去の社会の人間が互いに作り出していた満足や欠乏と今日の社会の人々の満足や欠乏と対比することでそれぞれの独自性を観察しようとする。

これは歴史学にも共通する視点だが、現代に比べて過去の人々が一方的に優れていたとか、幸福であった、あるいはその逆といった思考は慎重に排して考えるべきである。進歩史観や反対の没落史観に話を持っていくのは簡単だが、たとえば、ある視点から今日の消費社会に生きる人々よりも数百年前の伝統的社会の人々の方が幸せだったと主張することは不可能ではない。しかし、それは特定の視点の意義を重視していることであって、歴史について考えることでも、社会について考えることでもない。

たとえば、天然の海産物が豊富であったことによって、江戸時代の人々の食生活の豊かさや安全さを称賛することは可能だが、それは「天然の海産物」の意義を通常より強調していることであって、「江戸時代」や「食生活」について考えていることにはならない。もちろん現代の消費生活の一環としての食生活について、何かを考えていることでもない。もちろん、このことは「天然の海産物」の意義を貶めているわけではない。

むしろ、大切なのは過去も現在も、そして未来も、人間はやはり他者との関係の中で満足や欠乏を感じるということである。ただ、その感じ方の仕組みが現代の消費社会では、過去と大きく異なっている。まさにこの違いが、歴史社会学の問題なのである。

歴史学は過去の社会に住む人々がどのような状況に暮らしていたのかを明らかにしようとする。これに対して歴史社会学は、過去の人々がどのような社会に暮らしており、それが現代の人々とどう異なっているのかを対比する。過去の社会の生活との対比で「消費」を取り上げることは、現代社会の特徴を際立たせることである。

人々は周囲の人々の消費によって自分の消費行動を決定するのだが、「周囲の人々」というのが、古い時代の社会と今日の社会とでは異なっている。空間的にはごく近くに住んでいる人々が、意識のうえではひどく疎遠である一方で、ネット（SNS）でつながった外国に住んでいる人々の消費行動に大きく影響を受ける場合もある。しかも、伝統的な地域のつながりで消費生活を送る人々が一貫して減っているわけでもない。むしろ、多元化しつつそれぞれの関係の中で満足や欠乏を感じ続けているというのが実際なのである。

第7章●政治と権力とイデオロギー

1 権力という社会

権力の問題は、人間が作り出している不平等な社会関係に結び付いている。ある人物が他の人々に要求をし、要求に沿って人々が行動する。時には、膨大な数の人々の行動を意のままに動かしているかのように見える人物も登場する。そして、歴史ではそんな人物こそが主人公であった。では、そんな人々――権力者たち――はどうやって不平等な関係を作り出しているのか。

権力の問題は歴史社会学にとって独自の考察が可能な領域であるといえる。哲学者や種々の分野の思想家、そして社会学者はしばしば「近代」という言葉を用いてきた。近代は時代の名称でもあり、同時に時代を特徴付ける理念の名称でもある。「近代の近代化」などという言葉遊び的な用法がありえるのも、二つの意味の区別を意識しているからである。そして、理念としての近代の最大の特徴は、人間は平等であり、また平等でなければならないという考えである。そして、このことこそが過去の社会に生きる人間と、「近代」以後の社会に生きる人々との根本的な違いなのである。そして、権力こそは人間の「平等」に直接的に対立する現象である。このため過去の人々が権力について考えたことは、今日の人々が考えることと大きく異なっていることが多い。だからこそ、歴史上の権力と現代社会の権力との間に共通性や相違点を発見することは、歴史学にとっても、社会学にとっても大きな貢献となりうるのである。

たとえば、ドイツの歴史社会学者ノルベルト・エリアスは本書の第4章で登場した著書『宮廷社会』で、ルイ十四世の宮廷を素材に、権力がいかにして生み出され、作動し、維持されていたのかを論じた。ルイ十四世は古くから歴史学の研究対象であったが、そこに「宮廷社会」という概念を導入することによって社会学研究として再構成した。エリアスの関心は、ルイ十四世とそのヴェルサイユ宮廷についての新しい史実や、その新解釈ではなくて、過去の社会について社会学的に分析することであった。

エリアスは、数千、あるいは数万の単位の人員からなる巨大な宮廷を、ルイ十四世という個人がなぜ統治できたのかを明らかにすることで、権力論や政治社会学といった領域にも示唆の多い議論を行った。当人は「太陽王」を自称し、「朕は国家なり(国家とは私のことだ)」といったとされ、後に「絶対王政」というカテゴリーに分類されることになる。では、この人物は、どうやって支配していたのか。

エリアスはルイ十四世という人物に集中する権力を、刻々と作り出される関係によって理解しようとした。ルイ十四世は超人的な腕力の持ち主でもなければ、不死身の存在でもない。そんな人物が無数の人々の生活や運命を決定できるのは、互いに競合し合い対立し合う人々の関係を、ほとんど唯一といえる形で調整し、決定できる権利を確保したからである。もちろん、そんな制度を作り出すのも、維持するのも人並みの努力ではないし、凡庸な人物で可能なことではない。まさにここにこそ歴史に残るような活躍をした人物の特性があった。

さらにいえば、歴史上しばしば登場する独裁者や絶対的な権力者というのは、いったいどうやってその権力を維持していたのか。ここにも歴史社会学の重要な課題がある。歴史社会学はあえて過去の社会——あるいは過去の人々の相互関係——を観察する中で、現代に生きる人々の社会関係を捉え直そうとする。

人はしばしば「歴史に学ぶ」というが、通常の場合、歴史に学ぶとは過去の偉大な人物の体験から学習することを意味する。あるいは、過去の組織が大きな困難に陥った場合の失敗や成功の教訓を学習することである。歴史社会学はこれに加えて、過去の社会が抱えていた限界や、今日の社会との相違を明らかにしようとする。人間そのもののあり方は過去も今もそれほど変わっていないのだが、社会的な関係が大きく異なることによって、人々も大きく異なる行動をする。

権力は、おそらく社会学にとっても歴史学にとっても、永遠の課題であるに違いない。権力は長く権力者の所有物だと考えられてきた。争乱状態を勝ち抜いた軍人が独裁権を手に入れるにせよ、神聖な血統に生まれた君主が特別な力を発揮するにせよ、あるいは民主的な選挙で選ばれた政治家が政権に就くにせよ、権力は権力者に個人的に属すると考えられた。そして、権力が個人に属するからこそ、昔の歴史家は権力者個人のことを詳しく研究してきた。「個人中心の政治史」というのがそれで、今でも中学や高校の「歴史」はこれを基本としている。ビスマルクや織田信長が主に活躍するのがこの種の歴史である。

個人中心の政治史というのは、歴史学だけではなくて、二〇世紀中頃までは、政治学の主力もこれであった。昔の偉大な政治家の事績に学ぶ、あるいは失敗や挫折を教訓とするといった視点である。

これに対して、根底から異なった権力観を打ち出したのが、マックス・ウェーバーであった。『職業としての政治』（一九一九年）で主張しているように、権力はそれに自発的に従う人々によって成り立っている。少し考えてみればすぐにわかることだが、権力者たちは当人自身を観察しただけではそれほど変わらない。権力者はどのような素性であるにせよ、多くの場合恵まれた社会層の出身であり、個人的に抜きん出た能力の持ち主であるから権力を掌握し、維持することができている。能力にはいろいろあるにせよ、それらがある人々は圧倒的に少数だから特別な能力として認識される。このように考えるならば、やはり権力者というのは、多くの人々とは異なった少数の特別な人々である。

そして、少数の特別な人物についての人々の理解は、しばしば人間離れした超人的な伝説の主人公となる。たとえば、奇跡的な記憶力の持ち主であり、若い頃の異常な行動が人目を引く人物であり、ともかく常人とは別次元の存在である。そんな別次元の存在については、その生涯を詳しく明らかにすることでより深く学ぶことができると、多くの人々が考えたのだろう。

しかし、どれも超人であるという点でよく似た歴史上の人物の間に、何らかの違いを設定しようとするならば、それは人物の行動の「結果」でしかない。ある人物は持ち前の天才を発揮して国家統一を実現し、ある人物は天才でありながらも、人望に欠けるところがあって部下の裏切りで命を落とす。もちろん、無数の登場人物の「結果」は十人十色で、見渡しがたい。ただ、それらの非凡な天才たちが、そうではない多くの人々にとって同じく偉大な人物である点は変わりない。

ただ、そういった偉大な人物がどうやって権力を獲得し、どうやって維持しているのかを問うと、事情は異なってくる。「偉大な人物」は平均的にはおそらく健康で身体頑健だったのだろう。しかし、当人の体力だけで権力を獲得することはできない。獲得できるとするなら、政治家はほとんど全員格闘家である。体力の点で平均的な人物が多くの人々を支配できるのは、支配される人々が自発的に権力や権力者に従うからである。

では、人々はどんな理由で権力と権力者に従うのか。まさにこうして考え出されたのが、ウェーバーの「支配の三類型」である。①合法的支配、②伝統的支配、③カリスマ的支配、からなる三類型は、権力に自発的に従う人々が、何を考えて従っているのかを基準にして類型化される。法で定められた手続き（合法）に従う人々と、高貴な血統（伝統）に従う人々と、個人的な魅力（カリスマ）に従う人々は、互いに重なり合うことはあったとしても、完全に同一ではなく、むしろ多様である。

人々は、自分が認識し、信じる現実感に沿って行動するし、時に服従もする。簡単にいえば、従うのが当然だと考えているから従う。権力の問題の中心はこれである。ただし、実際には様々な要因が関連してくる。また、社会が複雑になり、様々な巨大組織が人々と「権力」の間に介在するようになると、それぞれの人々によって捉え方が異なってくる。

簡単にいえば、より多くの点で従属的な立場にある人々にとって、権力というのは巨大な塊で、一枚岩に結束して人々を抑圧してくる存在のように思われることが多い。言い換えれば、社会的に弱い立場にある人々にとって、強い力（権力）を持っている人々は皆つながっていて、自分たちにはとても対抗できないと考えやすい。

しかし、他の人々に影響を与えることができる地位にある人々、たとえば会社の経営者や自治体の首長といった人々の視点に立つと、巨大な塊としての「権力」というのは見えにくくなってくる。むしろ、人々はより密接に関係し合っており、経営者や管理者、首長というのも様々で、力関係もあれば、貸し借りもある。

また、経営学的な視点からいえば、組織を率いる人物は決してその書類上の地位や権限だけで人々を自在に動かせるわけではない。現に、同じ会社といっても、絶大な影響力を持つ創業経営者が君臨している会社もあれば、背後にいる決定者によって頻繁に交替させられる形だけの経営者もいる。

やはり自発的に従う人々がいてこそ、はじめて経営や行政は成り立つ。しかも、人々が特定の人物の指示や、特定の機関の命令に従うのは、それが当然だと信じているからであって、従わない場合の懲罰や権力が行使する暴力を恐れて従っている場合は少ない。

このように考えてくると、権力というのも実際には複雑に関係し合った社会的関係であることがわかってくる。言い換えれば、権力はそれ自体が社会なのである。そして、人々は互いに関係し合いながら、日々刻々権力という社会を作り出している。

そして、歴史社会学の視点から考えると、昔の社会の権力と今日の社会のそれの違いは、人々が主にどのような理由によって権力に従っているのかという点にあるともいえる。すでに第2章でふれてきたように、人々を取り巻く社会的関係が大きく変わっていくことで、組織や組織を通して成り立っている権力も大きく変わってきた。

ウェーバーの言葉を用いれば、古い時代の社会は「伝統的支配」により多く依存する社会であり、それが「合法的社会」へと移行することに、多くの社会科学者たちは社会の近代化や近代社会、近代国家の成立を見出してきたのである。家柄や血統による正当化よりも、選挙や資格による正当性の方がより高度に進んだ社会のあり方なのだという信念がここにある。

ただし、すべての権力が一斉に入れ替わったというわけではない。もちろん、今日でも古い名家出身の人々は、しばしばそのことで支配的な地位に近づきやすい。親子代々の政治家はそれ以外の出身の人々よりも明らかに選挙で有利である。

他方で、資格や選挙、伝統や血統とは無関係に、個人的な魅力だけで支配的な地位を確立する人々もいる。ウェーバーの議論によって有名になり、昨今では社会科学の領域を越えて一般的に用いられるようになった「カリスマ」がこれに当たる。カリスマ的な資質を持った人々は、伝統や制度によって保たれている既存の秩序を、しばしば打ち壊す。また反対に、カリスマ的な指導者の登場が、人々の信頼を失いつつある旧来の秩序に新たな価値を与え、信頼を回復する役割を果たすこともある。

芸術や芸能、宗教、そして政治や経営の世界でも、個人の魅力はしばしば決定的である。理由はともかく、なぜかその人物が登場すると人々が自発的に従う。そんな現象が人間社会には時折引き起こされる。

視点を変えていえば、古い時代の人物中心の政治史というのは、歴代のカリスマ的人物の評伝をつないでいったものであったともいえる。秦の始皇帝やカエサル、ナポレオンやレーニンからなる歴史のことである。今日でも昔の歴史観の名残は強く残っていて、古代の英雄と現代の政治家や経営者をそのまま比較して優劣を論じるといった議論がよくあるのはこのためである。

今日の歴史家の多くはこの種の議論を時代錯誤（アナクロニズム）だといって否定的に扱う。時代背景も、統治している組織や集団の規模も違う人物を比較しても無意味であるというのがその理由である。また、古代の人物について今日の人々が知っていることは、長い間に多くの人々が人物を褒め称え崇拝してくる中で選び出されたり、付け加えられたりした「史実」だからである。

しかし、他方で人間と人間社会に普遍的に登場する「カリスマ」やカリスマ的な人物という点だけに議論を絞るならば必ずしも無意味ではない。どんな社会でも、どんな時代でも、やはり一部の人々は人々を魅了し、惹き付けることで他の人物には不可能な指導力を発揮できるからである。

歴史社会学は、時代ごとに変わっていく要因と、いつの時代にも存在するカリスマ的な人物の両方を視野に入れながら権力について考える。

先の議論に戻ると、権力はある視点から見れば巨大で強力な塊のようであるが、別の視点から見ると複雑に絡まり合った関係性であり、しかも日々安定を保っているにすぎない。とりわけ多くの人々を動かしている人々の行動を観察すると、常に多くの人々の力関係を調整してようやく「権力」を維持している実態が見えてくる。

この問題は、通常の社会学、社会科学や歴史学よりも、現場の一線にいる経営者の肉声を伝えようとするビジネス書（経営書）の方がはるかに真剣に取り組んできた。そんなビジネス書に登場する主人公たちは、一寸先は闇といった日々の中で常に部下との関係の中で人を動かしている。たとえ一日でも、致命的な誤りを犯せば指導力――権力――は働かなくなってしまう。決して巨大な権力の塊が存在するわけではなくて、そこにあるのは人と人との日々刻々変動していく社会的関係だけなのである。

2　イデオロギーと呼ばれる関係性

一七八九年に始まったフランス革命は、実は今日に至るまで大きな影響を及ぼしている。影響の長さという点でフランス革命は人類史に指折りのできごとである。では、何がそんなに長期にわたる影響を及ぼしているのか。それは、簡単にいえば「人間は人間社会を理性的に合理的に計画できるのか？」という問題を提起したからである。

たとえば「計画」という言葉がある。行き当たりばったり、その場限りの対応で何かをするのではなくて、あらかじめ計画をする。最小限の負担と犠牲で、最大限の効果と回復を図る。無駄は最小限に、利得は最大限に確保する。不快や不都合は最小に抑え、快楽や好都合を最大化する。人間にとって、まさに合理的な生き方である。「計画」というのは、このように人間にとって無条件に良好な状態を実現する知の働きである。

そして、今から二百数十年前に、考えうる限り広範な社会において計画を実現しようとしたのがフランス革命であった。哲学の歴史で、フランスは合理主義の本場である。人間は理性の力で自分たちの最良の生活を実現できるというのが合理主義の原理である。

実はフランス革命の影響が、政治や権力、あるいは社会全般を考える立場を今でも二つに分断している。保守と革新、右翼と左翼という言葉は誰もが知っている。たとえば右翼と左翼というのは、フランス革命の時の国民議会の議場で議長から見て右側に集まっていた議員と左側に集まっていた議員に始まっている。右側にいたのが国王やカトリック教会の権利を守ろうとする保守派や穏健派で、左側にいたのが王政廃止と共和制を主張した革新派や急進派、過激派であった。

「右翼」の人々は古くからの伝統には独自の意義があり、一見古くさくて不合理であるように見える習慣にも実は意味があると見なす。古くからの習慣は長い経験の中で有効性が検証されているので、新しい時代の人間が考え付かないような利点を持っているのだとも考える。また人間の理性や道義心には限界があり、時代によっても変わる。一言でいえば人間の理性の限界を強調する立場である。また人間それぞれにも能力や適性の違いがあることを強調する。

「左翼」の人々は理性の力を信じており、最も優れた知性を持った人々は、古くさい伝統——王政や封建制、教会の利権——を一挙に打破して、はるかに理想的な制度や社会生活を実現できると信じている。こちらも一言でいえば、人間の理性の可能性を強調する立場である。歴史学にはしばしば「啓蒙主義」という言葉が登場する。人間の理性の可能性を強調するのが啓蒙主義で、フランス革命の思想的な原動力となったという説明がこれまでも行われてきた。フランス革命以来、左翼は啓蒙主義の伝統を受け継いでいるともいえる。

両者の違いはフランス革命をきっかけに表面化したのだが、元来は人間観の違い、社会観の違いとして広く見られる。ただ、ある社会が歴史的に急激な変動を経験すると、その変動をよりよい社会を生み出すための機会と考える人々と、過去のよかった社会への裏切りと考える人々の間に対立を生み出しやすい。

フランス革命当時の状況は別としても、この対立はそのまま今日の世界でも続いている。一八世紀末のフランスに始まる「革命」が、今日に至るまで、ヨーロッパ社会やその影響を受けた各地の社会に大きな影響を及ぼしていることは、それがよほど大きな変動であったことの証であるともいえる。対立において最も有名なのは、経済活動を国家などの中央権力が計画するべきなのか、個々の企業の自由裁量に任せるべきだと考えるのかという点である。

この問題は、いわゆる「社会主義」と呼ばれる体制が各国に存在し、ソビエト連邦がそれを代表していた時代には、主にソビエトの体制を支持するのか反対するのかという点に集約されていた。「冷戦」や「東西対立」と呼ばれた国際的な対立構造がこれで、日本でもソビエトを支持する「革新」（社会主義、左派、左翼）と、アメリカを支持する「保守」（自由主義、右派、右翼）との対立が政治の中心的な争点の一つであった。

しかし、問題はさらに根深くて、ソビエト体制が一九九一年に崩壊してからも、人間を取り巻く様々な社会環境を何とかして計画しようという考えは根強くある。重要なのは、たとえばソビエト体制を正当化していた特殊な思想の問題ではなくて、もっとはるかに抽象的な社会観や人生観、そして歴史観にある。

それは、人間は同じ人間が作り出している「社会」を計画できるのか？　という問いに対する対応にかかっている。ある種の人々は自分たちは多くの人々にはない専門知識や経験、あるいは高い能力を持っているのでそれが可能であると信じている。あるいは、人間を究極に幸せにし、平和な社会を実現する究極の原理がいつか理性の力で発見され、それに基づいて理想がいつか実現すると信じている。

おそらくこの場合、最も重要な問題は、同じ人間が作り出している社会をどうやって人間が計画するのかということである。それは一言でいえば、自己言及性の問題である。そんな計画が可能だと考える場合は、計画される社会に暮らす多くの一般の人々と、違う種類の特別な人々が存在することを想定することになる。つまり、特別な人々は一般の人々が考えることのできない高度な問題を解決できると考えるのである。

結局のところ、これは自分や自分たちだけが「計画」を実現できるのだというのと同じである。理由は簡単で、もしも自分や自分たちに「社会の本質」や「正しい計画」がわからないのならば、他の大勢の人々と同じになってしまうからである。

このことは、右翼と左翼の対立にさらに別の要因を与えることになった。それは、特別な理性を持った特別な人々だけが実現できる理想社会を信じるのか、理性よりも経験を重視し、各々の人々はそれぞれの人生経験によって賢明に生きていると考えるのかという問題である。つまり、望ましい社会が、特定の人々によって実現されるのか、それとも一般の人々が各々実現するのかという相違である。結果として、左翼は知性主義に向かう傾向を持ち、右翼は知性への疑いから反知性主義へ向かう傾向を持つ。

何よりも面白いのは、左翼と右翼の理想の人物の交差である。左翼は何ごとも一般の人々の平等を強調しながら、特別な能力の人々への信頼を抱き、右翼は過去の伝統を生み出した古来の権威を信頼しながら一般の人々の経験を信じる。

しかし、フランス革命が掲げた理念は「平等」であった。ここに左翼が宿命的に抱えている矛盾がある。つまり「平等」を強調する人々がエリート主義に向かい、過去の偉大な人物や制度を尊重する人々が一般の人々の生活を重視しようとするのである。

おそらくこれは、近代の社会科学最大の課題につながっている。それは平等というのはいったい何なのかという問いである。それぞれ同じ「平等」という言葉で語られながら、驚くほど異なった結果をもたらしてしまうからである。たとえば、平等を求める人々はエリートへの信頼に向かい、過去の偉人（エリート）に憧れる人々は自分たちの平等を確保しようとする。それは人間が人間の社会を考えようとする際に避けることのできない過程でもある。本書で何度も指摘してきたように、人間は他の人々との違いで自分自身について考えようとする。「平等」を最初に考える人々は、平等な人々とは違う特別な人々について考える。「伝統」を尊重する人々は、特別ではない人々の間に公平性を確保しようとする。

別の視点から考えてみよう。人間の能力はすべて等しいという前提で出発すると、互いに等しいはずの人間の社会に秩序や計画を与える特別な人物が必要になる。誰もが同じなのだから、誰が決めてもよさそうなのだが、それでは争いになってしまう。逆に、人間の能力はそもそも違っている、それぞれの人々には向き不向きや適性があるという前提から考えると、それぞれの適性の間には優劣はないという考え方に行き着く。言い換えれば、社会を構成しているどんな仕事も必要であり、それぞれの仕事に就いている人々が楽しさや充実感を味わえるようにすることが大切であるということになる。

多くの人々がしばしば口にする「職業に貴賤はない」という言葉は、人間の能力がすべて等しいという前提で考えるとひどく偽善的になってしまうが、それぞれの適性が違うという前提に立つならば深い意味を持つ。誰もが同じ能力なのに現実の職業生活に不平等や不公平があるならば、それは不公正であるということになる。そして、「職業に貴賤はない」と明言する人々が恵まれた立場にあるならば、当人がその不公正によって現在の地位を得ているということになってしまう。これに対して、人の適性に違いがあるという立場から考えれば、むしろ異なった適性の人々をいかに尊重するのかという問題に関心が向かう。理由は簡単で、すべての職業の人々が職業生活に充実感を感じられないような社会は、おそらく不幸な人々が多い社会だからである。

人間はすべて等しいと考える左翼の議論が、しばしば社会秩序や権力に対する敵意に彩られているのに対し、そもそも人間は多様であるという前提に立つ保守主義（右翼）の議論が、多様な人生を送る人々各々の充実を強調したがるのは偶然ではない。一方は平等な社会がもたらすであろう平和や公正を強調しつつ、平等を妨げる秩序や権威を敵視する。また、他方は多様な人々からなる社会全体に調和をもたらす和合を要求しながら、伝統を尊重しない人々を敵視する。

このような反転が起こるのは、人間が自分自身について考えることでしか社会について考えることができないからである。人は、自分だったらどうするか？　相手の状況は自分にとってどうなのか？　誰かは自分より上か下か同等か？　という形で、常に自己言及している。「人間は万物の尺度」と古代ギリシアの哲人プロタゴラスがいったのは、人間が自分自身と自分が属する大小の集団からしか「万物」について考えることができないからである。人間は、自分自身に立ち返って考える自己言及でしか「人間」について考えることができないのである。

そして、自己言及の過程で「イデオロギー」という関係性も生じているともいえる。人は特定の社会に暮らす自分自身について思い描くことで、その社会が好ましいのかそうでないのかを考える。すべての人間の能力が平等だと考える人々は、平等な能力の中で抜きん出た成果を収めた少数の人々が計画する社会関係を好ましいと考える。これに対して、適性の多様性を当然だと考える人々は、「適材適所」によって調和のとれた社会関係を好む。どちらも人間が関係性の中で社会を作り出している点では同じなのだが、どのような関係こそが好ましいと考えるのかという点で異なっている。

言い換えれば、どのような関係を望むのかをめぐって各々の社会観は生じている。そして、歴史の中でもそれぞれに望ましい社会観の争いが起こってきた。社会主義や自由主義、計画経済や自由経済、高度な福祉や社会保障を望む社会観と自由や自己責任を尊重する社会観、それらはまさに関係性への問いに出発し、行き着く。

もちろん、この問題は歴史をどう考えるのかという歴史観の問題にも直結している。歴史がまさにイデオロギーと呼ばれるものの主戦場であり続けてきたのはこのためである。人々は常に自分自身について問うが、自分自身への問いは過去への問いかけであることが大半である。自分の過去が誇れるものであるならば、自分は誇らしいということになる。反対に、負い目のある過去というのは人々にとって不幸で、状況によっては許しがたい屈辱となってしまう。

左翼にせよ右翼にせよ、その他の立場──「中道」と呼ばれた立場も含める──にせよ、なぜか過去の歴史にこだわり、それを根拠にして敵対者を非難するのをやめないのは、このためである。人々は過去の人々に自分と同じような状況を仮託し、投影して、そこに自分の味方や敵を見出す。そして、人々は争う。

まさにここにもまた歴史社会学の焦点がある。歴史社会学はイデオロギーの問題を避けて通ることができないが、イデオロギーの問題を過度に対立的に論じることは避けるべきだろう。この問題は、イデオロギーというのが多くの場合、「語り方」「ものの言い方」に依存していることに関連している。

3　権力の語り

人はおそらく他の人々について自分自身に当てはめてしか理解することができない。歴史上の英雄や独裁者、絶対権力者を語る時、人々はしばしばそんな立場に立った自分自身について想像しようとする。そして、自分自身との距離によって「偉大」だとか「天才」だとか「空前絶後」だとかいった形容を当てはめる。また、志半ばで挫折した人物については、自分自身が失敗を味わった時からの類推で心中を察しようとする。しかし、それらはどれも人々が自分のこととして理解しようとする過程で考えることである。

イデオロギーの問題も、人々が自分に当てはめて考えた場合に理解しやすい考え方に惹き付けられているともいえる。古くから、様々な職場を経験して生きてきた人々（いわゆる「叩き上げ」の人々）は、人間の適性が千差万別でそれぞれが多様な役割を果たしている社会を思い浮かべやすい。これに対して、ごく均質な制度や組織の中だけで生きてきた人々は、しばしば均質な人員からなる組織として社会を考える。

言語の世界でしばしば登場する「自由」や「平等」といった万人受けする言葉も、それぞれの人々の経験や人間関係、社会に対する考え方によって、まったく別物に解される。人間の適性が均質だと考える人々と、千差万別だと考える人々とでは、同じ「平等」でも意味が違う。人間の適性が多様だと考える人々は、多様な適性や能力に応じた機会の平等をすぐに思い浮かべるが、人間は均質と信じる人々は誰もが同じような「成果」や「待遇」や「幸せ」を得られる結果の平等を思い浮かべることが多い。このため、政治思想や社会思想、そしてイデオロギーをめぐる議論は、お互いに別の「人間」や「社会」を思い浮かべつつ平行線をたどっていくことが多いのである。

そして、権力をめぐる語り方も各々別物になっていく。人間は均質だと考える人々は、均質なレンガのような人々を合理的に積み重ねて大きな建築物を建設するといった形の権力を思い浮かべやすい。そして社会とは大きいほど偉大で優れていると考え、膨大な人員からなる組織や、巨大な国家――「大国」――こそが優れていると考える。これに対して、人間は多様だと考える人々は、その場その場、その瞬間その瞬間に生じる関係こそが社会であり、各々の関係を個別に調停するのが権力だと考えることが多い。巨大な組織や、国家というのを否定するわけではないが、個々の現場で日々作り出されている関係の方がより具体的で身近だと考える。

人間は均質だと考える人々と多様だと考える人々の間の違いは、人々が作り出している権力関係そのものについても対照的な考えを生む。簡単にいえば、複雑で多様な関係を考えに入れて全体について見渡す場合と、単純で均一な関係に基づいて全体を構成する場合の違いである。

複雑な対象を取り扱う場合は、それほど大きな関係性は想像しにくい。個別の構成要素自体が複雑なので、それらが作り出すさらに一層複雑な関係について考えることは難しい。これに対して、単純で均質なブロックのような人間関係を考える場合、延々と均質に展開する巨大な組織について考えることは難しくない。

そして、多くの人々が、巨大組織が必要とする均質な人間像を、「人間は平等である」という近代の思想と同一視、あるいは混同するようになってしまう。「平等」は、「均質」ということに変換され、多くの人々が均質な部品であると見なされるようになる。そして、均質な部品であるならば、どれも同じなのですぐにでも取り替え可能であるという考えが強くなる。「人間は平等である」という考えは、実は人間を単なる数字、取り替え可能な部品であると見なす思想と表裏一体なのである。

取り替え可能な部品ならば、消耗しても換えがある。人間は本来それぞれ多様で、かけがえのない存在であるはずなのだが、「人間は平等である」と考えることでどれも同じ均質な「部品」に変換されてしまう。言い換えれば、「人間は平等である」と進んで考えることは、自ら換えはいくらでもある部品であることを志向することなのである。そして、自ら部品を志向する人々は、最も非情な取り扱いを受けることになる。換えはいくらでもある部品は単なる消耗品であって、個別に取り替えても、捨てても、大きな全体（メカニズム）にとっては大した問題ではないからである。

そして消耗部品として捨てられた人々は、自ら求めた巨大組織の構成部品としてその役割を終える。最大の問題は、そのような目に遭う人々が実は自らそれを望んでいるように見えてしまうことである。そこで最大の役割を果たすのも、「人間は平等である」という考えで、人々はまわりの多くの人々と同じように「平等」な「人間」になろうとする。そして、誰もが同じで、誰もが同じ扱いを受ける。誰もが同じなのだから、何らかの理由で消耗したならば取り替えられて、捨てられる。

歴史を視野に入れながらこれまでの社会科学を考えると、たとえば「人間は平等である」のような命題が、以前の思想家が考えたのとは別の意味になり、しかも以前にはなかった問題を引き起こしている様子が観察できる。本来個性的で、あらゆる意味で「平等」ではない人間は、平等ではないからこそ、それぞれの適性を発揮することができる。それを無理やり平板化し、平均化しようとする視点は、人々を「平等」に隷属化する発想と直接結び付いてしまう。

このことは、権力やイデオロギーの問題から一旦目を移して、教育の問題などを考えればわかりやすい。「平等」を掲げる教育は、あらゆる人々を同一の基準で評価しようとし、競争させることによって、まるで量産品のような人員を作り出してしまう。もちろん、この種の議論は教育をめぐって批判的な立場の人々が古くから何度も繰り返してきたことである。

もちろん「平等」を声高に強調してきた社会科学全体を否定する必要はないが、社会科学が持っている両義性、二面性を理解することは必要だろう。一方で、問題の所在を指摘してその対策を暗示しながら、同時に新たな問題を自ら作り出している。しかも、状況を悪化させてすらいる。そして、そのような両義性や二面性は、歴史的に考えると立体的に見えてくる。一八世紀のヨーロッパにあっては「解放」の論理であった言説が、二一世紀の「グローバル化」にあっては人間の規格化、均質化、そして隷属化の論理ともなりうる。

問題はおそらく特定の視点、特定の価値観からのみ「社会」のあらゆる問題を明らかにしようとする思考にあるのだろう。社会科学は、常にほかにもありうる可能性の中から常に選び取っていく知の営みでなければならない。それが不可能ならば、特定の価値や観点を作り出した人々にとって有利で、その他の人々にとって不利な状況を生み出すことになる。このことは、まさに過去の社会、今日の人々と直接の利害関係が少ない社会を考えると際立ってくる。

歴史社会学は過去の価値観の中で精一杯生きていた人々の社会を考えることで、現在の価値観の中で生きる人々の特性を明らかにしようとする。現代人は、自分たちが特別な存在であると考えがちであるが、歴史は過去の「現代人」もそうであったと教える。人々は自分だけが特別であると考えながら、実際には他の人々と変わらない生き方をしようと願っている。そんな矛盾した命題を掲げながら毎日を送っている。

このように考えるならば、歴史社会学が社会学全般に対して大きな貢献を果たすことが期待できる。それは、近代社会、現代社会の似姿として分業化、細分化、類型化、均質化した人間像——巨大な機械の部品としての人間——に対し、それが生まれる前の社会、あるいは別の形で分業化していた社会の人間像を対置することである。言い換えると、現代に至るまで巨大な組織が主人公としてふるまい、組織を構成する人間は均質な部品としてふるまおうとしてきた。あるいはそうふるまうことを求められてきた。しかも、そんな現代社会を解釈する社会科学が、結果として巨大な機械の部品としての人間を積極的に推奨してきた。現に、社会科学はそれを学べば学ぶほど自分自身を部品——誇らしい呼称としての「個人」——として適応しようとする人々を生み出す。そんな社会科学に対して、歴史に学ぶことによって修正を求めるのが、まさに歴史社会学なのである。歴史社会学は歴史学とは異なって社会科学のあり方について多く学んでいる。まさにこのことこそが、歴史学と社会学（社会科学）の中間にある歴史社会学の利点なのである。

過去の社会についての理解は、刻々と変化していく状況を通して、実は不変の人間社会を理解することでもある。歴史家が毎度強調するように、過去の人間を理解するには、現代を生きる自分自身の立場に引き寄せて理解するほかはない。技術が発達し、栄養状態や衛生状態ほか、生活の水準が変化しても、人間の考え方や感じ方はそれほど変化しているわけではないからである。

権力とイデオロギーの問題に戻ると、ルイ十四世のような人間が人々を動かすことができたのは、人々が自ら特定の型の不平等な人間関係——権力関係——に従ったからである。そして、組織を考えるうえでも重要なように、組織を構成する多くの人員はまさに特定の型の思考習慣を身に付けていることによって関係を維持している。もちろんこのことは人間にとって過去から未来に至るまで変わることはない。人と人の間に生じている不平等で不均衡な関係を否定することを急ぐあまり、「平等」を強調しても、先に述べてきたように、そのことがむしろ「平等な人々」の隷属を助長してしまう。

人間は長い間に身に付けてきた関係に慣れており、そこから出ることを好まない。ある組織に長く属し、ある特定の人物の命令や要求に従うのは、何よりもそれに慣れているからである。社会科学の伝統では、様々な人々が「単なる慣れ」「習慣」と呼ぶのをよしとせず、いろいろな説明を考えてきた。金銭による利得、経済的合理性、社会的地位の向上など、人々が自らと他人を納得させるための説明はいろいろあるが、どれも単に一面的な説明であって、人々がしばしば手を染める不条理な行動については説明できない。人々はしばしば愛着のために恵まれない条件の職場にとどまるし、「仕事と生活の均衡

（ワークライフバランス）」のために有利な昇進話を断る。世慣れた常識人が、「人生いろいろ、人それぞれだ」と述懐するのはまさにこの点で、煎じ詰めれば「単なる慣れ」「習慣」と呼ぶことしかできなくなってしまう。

ごく普通の日常的な言葉で言い表すこと、このことは、おそらく社会学という学問の根幹に関係しているのだろう。社会学は多くの人々が日常の生活で素朴に感じている問題に特定の言葉を当てはめることによって成立してきた。古くから社会学が高度に修辞的（レトリカル）な問題にこだわってきたのは偶然ではない。多くの人々が、「皆それぞれの役割がある」と実感すれば、デュルケムがそれを「社会的分業」と呼び、人々が自分の仕事を神様が見ていると感じれば、ウェーバーが「プロテスタンティズムの倫理と資本主義の精神」について議論する。無数の人々が見渡しがたい分業によって「国策」に従事していることを実感すれば、それを後年の社会学者たちが「社会システム」と呼ぶ。

これらの呼び名は、多くの人々に自分たちがやっていることの意味を提供してきた。しかも、同時にそのような人々とは別の人々にも便利な呼称を提供したのである。それらは学問としての社会学の成立条件に深く関係してきたのである。しかも、多くの人々が今生きている人間関係がいかなる起源で生まれてきたのかという問いに答える歴史学の成立とも切り離すことができない。人々が当然のことと考える組織や分業に、若干次元の違う説明を提供し、説明そのものによって関係を補強したり、変更を図ったりする。

政治と権力とイデオロギーという視角から「社会」や「歴史」について考えるということは、まさに人々の間に生じている関係そのものを再度定義し直す行為でもある。それは歴史にこだわる社会学が、今日の多くの人々が熱心に取り組んでいる様々な問題に対して、独自に貢献できる領域でもある。長年の間に固定化し、硬直化した「社会」や「歴史」が、歴史社会学によって多少でも柔らかく再生できるのならば意義はあるといえるだろう。

あとがき

本書では、社会学が歴史にこだわるとどうなるのか？　について、おそらく今日までの主流の社会学とはかなり異なった議論を行ってきた。まだこれから！　というのが本書を書いてきた印象である。しかし、これからどこへ向かうのか。するとまだまだ考えるべき問題が山のように残っていることに気が遠くなってしまう。

おそらくその中で最も重要なことは、社会学も含めた社会科学が独立した学科として各々の周囲に城壁や堀をめぐらせようとしてきたことによって、他の領域の考えから離れてしまいつつあることだろう。当たり前のことをいえば、社会を作り出しているのは人間である。しかし、社会科学だけを観察していると、まったく別個の人間が経済や政治や法律、そして、様々な「専門社会学」——いわゆる「連字符社会学」——ごとに存在するかのようである。家族人間、都市人間、福祉人間、逸脱人間、教育人間、というふうに各々無関係に独立しているかのようである。もちろん、そんな人間はどこにも存在しない。

さらにいえば、人間を取り巻く様々な社会問題を多くの社会科学者、社会学者は、人々にとって無関係なものとして論じようとする。社会をあたかも物体であるかのように論じる社会実在論が、実は古くていまだ新しい問題をはらんでいる。それは、何かうまくいかないことがあれば、すべては「社会」のせい、「時代」や「景気」のせい、そして「権力」や「政治」「大企業」「多国籍企業」「グローバル資本主義」のせいにする。しかし、それらはあくまでも社会科学者が勝手に作った言葉であって、実在しているわけではない。

そして、何でもかんでも「グローバル化」のせいにする議論がしばしば果たしているのは、多くの人々を免罪化することである。景気がよい時期に無理な投資を重ねた経営者は、不況時には責任をとらされる。「すべては景気が悪くなったからだ！」と抗弁したところで、責任を免れるわけではない。実業の世界ではごく当たり前のことである。ところが、社会科学、社会学の世界に目をやると、この種の責任転嫁がむしろ主流である。主流どころか独裁的ですらある。

広い読書の世界に視野を広げると、同じ人間社会を問題にしながら、経営書やビジネス書の世界と学術書の世界が大きく食い違っているのがこの点である。社会科学の研究者が経営書について示す態度は共通している。簡単にいえば、蔑視と無視である。それらはビジネスの世界で成功した経営者の毎度同じような自慢話でしかなく、社会的に強い立場の人々が優位な立場から一般の人々に教え諭す傲慢さでもある。そして成功者にあやかりたい人々が有難がって読みたがる。社会科学者はその種の自慢話に付き合う必要も、成功物語にあやかる必要もないのだというわけである。

しかし、蔑視や無視は深い事情もはらんでいる。経営書が毎回飽きることなく説く主題を社会科学が無視する原因は、それが社会科学が長年にわたって依存してきた根拠を掘り崩してしまうからである。

それは人間が置かれた現状の多くは当人の責任であるという考えである。「自己責任」、ある種の社会科学者が極度に嫌うのがこの言葉で、彼らの知的な努力の多くは、何とかしてこれを否定し、個人を免罪化することに費やされてきた。しかし、経営書の世界は、まさに自己責任に出発し、また到着する。経営者にとってビジネスはすべて自己責任だからである。

それは社会現象は自己言及的に成り立っているという実業界の人々の経験則に基づいている。詳細な哲学的、理論的考察は経なくとも、自分が始めた事業の責任はすべて自分にあり、成果も損失も自分で引き受けるのが当然というわけである。

この意味で、本書にも登場したマックス・ウェーバーの『プロテスタンティズムの倫理と資本主義の精神』の冒頭近くに、実業家ベンジャミン・フランクリンの言葉が登場することは、社会科学全般や社会学の性格を象徴している。ウェーバーのこの本は、よく読むと実はフランクリンの言葉をドイツの社会科学の論理で解釈することを主眼としていた。フランクリンはアメリカ合衆国の建国の父の一人で、裸一貫からの叩き上げで大成功したアメリカンドリームの元祖、『フランクリン自伝』（一七九三年）で有名な、いうならば経営書の元祖である。

ここでウェーバーがやっていることは、あくまでも自己責任の世界で生きているフランクリンの主張を、様々な形で当人から切り離し、客観化することである。当人はすべて自分のこととして語っているが、実は「禁欲的プロテスタンティズムの倫理」が重要なのだというわけである。この結果、誰が読んでもわかりやすいフランクリンの話が、ウェーバーの手で専門家にも難解な抽象論に変換される。
それはおそらくフランクリンのような人々が生きている自己責任の世界の言葉を、社会科学の世界の言葉に翻訳する仕事だったのだろう。何とかして自分自身の責任を回避し、社会や時代、そして歴史の責任に転嫁しようとする。個人としてのフランクリンがやっている事業が成功するかどうかは、当人にとっては自己責任かもしれないが、広く見渡すと、歴史的に考えると、はるかに広範囲の問題に関係しており、むしろその方が重要なのだというわけである。

こうした仕事が成功しすぎてしまったことが、まさに今日まで社会科学が人々の社会生活の実感から離れていってしまった原因でもあった。確かにどう考えても被害者当人の責任ではない社会的不正というのはある。しかし、社会科学者の思考の中でそれが次第に拡大し、あらゆる問題の免罪化につながっていくことになる。

気の利いた言葉を話す人々は、「社会」がますます人々から遠のいて、よそよそしくなっていく、個人が社会から疎外されていくなどと語る。ウェーバーに引き寄せていえば、「官僚制」といえばいいだろう。しかし、実際には当人たちが毎度使い慣れた言葉が勝手に遠ざかっているだけである。自分たちで「社会」を必死に切り離しておいて、今度は「切り離された」「個人が取り残されている」と主張するわけで、まさに自作自演である。

現に、今現在でも世界中で、個人で起業する人々は全面的な自己責任の社会に直面している。自営業なら成功しても失敗しても、すべて自分の責任である。それがいやならば大企業に入るか、大きな役所のような職場を選べばよい。組織が大きくなればなるほど「社会」は離れていくように見える。無数の人々からなる分業が個人の責任を見えなくしてくれる。その代わり、大きな組織が個人を疎外するとか、働くことに意味が見出せない、「顔が見えない」などといった駄弁を弄するのはやめた方がよいだろう。

その種の責任転嫁をしても問題は解決しない。むしろ、先送りにしただけ状況は悪化し、追い詰められていく。社会科学と社会学の再生の機会があるのならば、それは社会科学者自身をも含めた人々の相互関係が、日々刻々社会を作り出していることを自覚し、そのうえで自らもまた社会を作り出していることの責任を認めることによってである。

歴史社会学はこの意味で、人々が「歴史」のせいにする知の営みであるべきではない。むしろ歴代の無数の人々が責任転嫁と自己責任の選択を行ってきた過程を深く探求する知であるべきだろう。それはウェーバーがフランクリンから学び損なったことを社会科学に再統合する仕事でもある。

今後、そんな課題が多く登場してくるのは間違いないだろう。

文献解説（登場順）

エミール・デュルケム『自殺論』、宮島喬訳、中公文庫、一九八五年

原書刊行は一八九七年。まさに社会学の成立を象徴する名著。また成立を象徴するテーマが「自殺」というのも、社会学という学問の性質をよく表しているともいえる。自殺の統計は、なぜか毎年同じような数字で推移していく。自殺という最も個人的な行動が、実は社会的に決定されている。個人の心情や意志を超えたところに社会が実在するというのが社会学の確立者エミール・デュルケム（一八五八～一九一七年）の信念である。多くの人々にとって自殺というのは悲惨な事件だが、デュルケムの考えでは、自殺ですら犯罪と同じく社会的意義を持っている。ここにしばしば見過ごされるデュルケムの醒めた社会観や人生観が暗示される。デュルケムの元々の研究分野は教育学であった。このことが、この人物が終生一貫して社会秩序の確保や、ばらばらの人々を統合する「社会」にこだわり続けたこととと関係している。

関山直太郎『近世日本の人口構造』、吉川弘文館、一九五八年（オンデマンド版、二〇一三年）

歴史人口学は、近代的な国勢調査が始まる以前の人口動態を各種の史料を用いて推計する学問。関山直太郎（一九〇二～八五年）は昭和期の代表的な研究者で、著書にはほかに、『日本の人口』、至文堂、一九五九年（増補版、

一九六六年）もある。

カール・フォン・クラウゼヴィッツ『戦争論』上下、清水多吉訳、中公文庫、二〇〇一年

ナポレオン戦争に従軍したプロイセンの軍人カール・フォン・クラウゼヴィッツ（一七八〇〜一八三一年）による著作。刊行は著者の死後、一八三二年。君主の軍隊による戦争が、徴兵制による国民軍の戦争に切り替わっていく時代、いわゆる「近代戦争」の成立に当たって、新しい時代の戦争のあり方についての深い省察。今日まで軍事分野にとどまらず広く組織について考える場合に必読文献とされてきた。たとえば戦闘の暴力が、敵との相互性で、当初の意図を越えて激化するといった問題を詳細に論じており、社会学においても示唆されるところが多い。

チャールズ・ライト・ミルズ『パワー・エリート』上下、鵜飼信成・綿貫譲治訳、東京大学出版会、二〇〇〇年

『社会学的想像力』（伊奈正人・中村好孝訳、ちくま学芸文庫、二〇一七年）と並んで、チャールズ・ライト・ミルズ（一九一六〜六二年）による社会学の古典的著作。ただ、「社会の上位にいて互いに結びついて自分たちの意のままに操っている権力者」というかなり一面的な社会観に終始している点は、わかりやすさと同時に、多くの問題を見えなくさせているともいえる。たとえば、社会的に恵まれた人々を事実上「悪者」として固定することは、それ以外の人々を免罪化する意図を含んでいる。また、人々はなぜその種の権力に自ら従うのかといった問題も見えなくなる。

ルース・ベネディクト『菊と刀』、長谷川松治訳、講談社学術文庫、二〇〇五年

ルース・ベネディクト（一八八七〜一九四八年）はアメリカの人類学者で、元来はネイティブアメリカンの研究を行っていた。そんな人物がアメリカの戦時情報局での対敵研究に協力することで書いた著作。刊行は戦後の一九四六年で、この本が刊行された目的は、占領軍として日本に駐留するアメリカ人に手軽な日本紹介を行うことであった。ただし、それが日本で翻訳刊行されることでむしろ日本国内で広く読まれた。また後に日本で書かれた「日本人論」の原典として多くの追随者を出すことになる。

A・J・P・テイラー『第二次世界大戦の起源』、吉田輝夫訳、講談社学術文庫、二〇一一年

歴史は勝者によって書かれる。歴史学においてしばしば登場する「勝者の歴史」をイギリスの歴史家A・J・P・テイラー（一九〇六〜九〇年）が問い直す。第二次世界大戦においてイギリス人は正義のための戦争と信じて戦い、悪のドイツ、悪魔のヒトラーに辛くも勝利した。ただ、その犠牲はあまりにも大きかった。しかし、そんな説明が実はイギリス政府の外交失敗の単なる言い訳であったとしたならばどうなるか？　最高度に実証的な手続きを経ても、歴史は視点によってどのようにも説明できる、そんな歴史学の危うい性質を実感させてくれる名著。歴史の見直し、「歴史修正主義」と呼ばれる知的活動の代表作であり、同時に他の領域の議論にも根底から影響を与える成果でもある。この本がすでに一九六一年にイギリスで刊行されていたということは意味深い。

ダニエル・デフォー『ペスト』、平井正穂訳、中公文庫、二〇〇九年

原書刊行は一七二二年。『ロビンソン・クルーソー』（一七一九年）で有名なイギリスの作家ダニエル・デフォー（一六六〇～一七三一年）による、一六六五年ロンドンで起こったペスト流行の記録。当時は原因がよくわかっていなかった「疫病」の発生から拡大、有力者層の都心からの逃亡といった経過を淡々とした調子で描いている。冷静な調子は、事件が起こってからかなりの時間が経過しているというのも関係しているが、他方で重大な危険に直面した際の都市住民の反応を伝えている点は社会学的にも興味深い。

フロリアン・ズナニェツキ／ウィリアム・トマス『ヨーロッパとアメリカにおけるポーランド農民』、桜井厚訳、御茶の水書房、一九八三年

原書初版は全五巻で、刊行は一九二〇年。フロリアン・ズナニェツキ（一八八二～一九五八年）はポーランド出身の社会学者で、ポーランドとアメリカで活躍した。ズナニェツキの国際的な名声を確立したのが本書で、アメリカ人の社会学者ウィリアム・トマス（一八六三～一九四七年）との共同研究の成果であった。またこの研究はズナニェツキがポーランドからシカゴ大学に招聘されるきっかけにもなった。研究の成り立ちは、まずポーランド移民が多いシカゴで移民の研究をしていたトマスがポーランドに出向き、そこで主に哲学を研究していたズナニェツキに出会ったことにあった。ズナニェツキのヨーロッパ系の哲学の方法論と、トマスのアメリカ（シカゴ学派）的な緻密な事例研究の方法が融合し、ポーランド移民の家族ごとの膨大な記録を元に、理論的な考察を展開した。ズナニェツキはこの研究の後、ポーランドに一旦戻り、第一次世界大戦後に独立したポーランド社会学の創始者となった。

アーヴィング・ゴッフマン『集まりの構造—新しい日常行動論を求めて—』、丸木恵祐・本名信行訳、誠信書房、一九八〇年

有名な「儀礼的無関心(civil inattention)」という概念が登場するのがこの本である。原書刊行は一九六三年。アーヴィング・ゴッフマン（一九二二～八二年）はシカゴ学派の流れを汲む社会学者で、「ドラマツルギー」という分析視角を社会学に導入したことで名高い。ドラマツルギーは演劇由来の概念で、人々が相互行為をする場を「ドラマ」における役割演技として分析しようとする。狭い空間に見ず知らずの人々と閉じ込められることが多い都市住民が、互いに「儀礼的無関心」を演じるというのも、もちろんドラマツルギー的説明である。ドラマツルギーという視角は、西洋に伝統的な「終始一貫した個人の人格」という考え方に対し、その場の相互関係でころころ変わっていく人格を対置するものでもある。

ゲオルク・ジンメル『貨幣の哲学』、居安正訳、白水社、二〇一六年

原書刊行は一九〇〇年。ゲオルク・ジンメル（一八五八～一九一八年）は、デュルケムやマックス・ウェーバーと並んで社会学の創始期を代表する人物の一人である。特に個人的な親交もあったウェーバーとは並び称せられることが多く、しばしば類似の立場と見なされる。ただし、重要な点で異なっていることも見落としてはならない。『貨幣の哲学』はジンメル独自の立場を最も際立たせる代表作で、貨幣経済がもたらした功罪両面を独特の視点で論じていく。貨幣は人間の自由や平等といった考えが生まれる原因であるが、同時に人々を不自由にし、格差を生じさせる。両者は不可分の関係であり、一方をとって他方を捨てることはできない。それはマルクスやウェーバーのような人々が強くこだわったヒューマニズムとは違う、醒めた人間観と結び付いており、同じくユダヤ系のデュルケムに通じる視点であるともいえる。

ノルベルト・エリアス『宮廷社会』、波田節夫・中埜芳之・吉田正勝訳、法政大学出版局、一九八一年

ノルベルト・エリアス（一八九七～一九九〇年）は現在ポーランド領のヴロツワフ（ドイツ語名ブレスラウ）生まれのユダヤ系ドイツ人。原書刊行は一九六九年だが、元来は一九三〇年代に書かれた教授資格論文で、ヒトラー政権の成立とエリアス自らの亡命のため出版機会を逸していた。この本が歴史上の独裁政権の成立と持続を分析していることは、まさに歴史の皮肉というほかはない。エリアスは生前長く注目されることがなかった社会学者であったが、晩年に脚光を浴びることになった。理由は二つあり、一つは社会学の中心がヨーロッパからアメリカに移動するに伴い、歴史社会学という分野が注目を集めなくなったことである。そして、もう一つはドイツのフランクフルト学派の個人的な人脈に育った人物でありながら、同派の左翼的な思想に対して批判的な立場を維持したからであった。

マックス・ウェーバー『プロテスタンティズムの倫理と資本主義の精神』、大塚久雄訳、岩波文庫、一九八九年／中山元訳、日経BPクラシックス、二〇一〇年

最初に長編の論文として発表されたのは一九〇四～五年。デュルケムの『自殺論』と並んで社会学を代表する名著とされている。ただし、果てしなく複雑な社会を比較的単純な理屈で説明することを仕事とする社会学は、ここでも論争を巻き起こした。カトリック社会に比べ、プロテスタント社会が近代資本主義の成立に適性を持っていたというこの本の議論は、当然カトリック側からの激しい非難を浴びた。マックス・ウェーバー（一八六四～一九二〇年）は経済学者として出発し、生涯にわたって自由な経済活動を行う主体（個人）に関心を集中した。この点が教育学者として出発したデュルケムと異なっている点で、個人から社会を考える社会学の代表者となった。

G・W・F・ヘーゲル『精神現象学』上下、樫山欽四郎訳、平凡社ライブラリー、一九九七年

原書刊行は一八〇七年。ドイツの哲学者G・W・F・ヘーゲル（一七七〇～一八三一年）の最初の代表作と見なされる大著。特に序論が有名で、あらゆる問題を動態で捉えようとするヘーゲルの哲学の骨子が表現されている。後の時代に「弁証法」という言葉が一人歩きすることで様々な詭弁に道を開くきっかけともなったが、うねるような迫力を伴った論述にはそれだけの魅力があるともいえる。

ジョン・ケネス・ガルブレイス『ゆたかな社会』、鈴木哲太郎訳、岩波現代文庫、二〇〇六年

原書刊行は一九五八年。アメリカの経済学者ジョン・ケネス・ガルブレイス（一九〇八〜二〇〇六年）の最も有名な著作で、経済学だけではなく広い分野に大きな影響を与えてきた。ガルブレイスの特徴は多くの経済学者とは異なり社会学的な関心や視野を持っていることである。いわゆる「アメリカ的生活様式」と呼ばれるものを、すでに一九五八年の時点で鋭く分析しており、今日に至るまで消費社会論を先導してきた。ガルブレイスは従来の経済学が生存に必要不可欠な生産にこだわってきたのに対し、『ゆたかな社会』では大衆の欲望に基づく消費の方が重要になっていることを強調した。見方によっては、狭義の経済学の問題を越え、社会学の主要問題に移行したとも考えることができる。

マックス・ウェーバー『職業としての政治・職業としての学問』、中山元訳、日経ＢＰクラシックス、二〇〇九年

元になった講演が行われたのは、「職業としての学問」が一九一七年で、「職業としての政治」が一九一九年。マックス・ウェーバーが晩年に行った二つの講演「職業としての政治」と「職業としての学問」は、この人物が到達した思考を簡潔にまとめている点で読みごたえがある。他の著者にもしばしば見られることだが、壮年期に書いた大著よりも、晩年に自分の人生を振り返って簡潔に書いた本の方が読みやすく、また内容も凝縮されていることがある。これらの講演は、まさにその典型と呼ぶべきものである。

ベンジャミン・フランクリン『フランクリン自伝』、松本慎一・西川正身訳、岩波文庫、二〇一〇年

ベンジャミン・フランクリン（一七〇六〜九〇年）はアメリカ建国の父の一人で、今日に至るまで同国で最も尊敬されている人物。『フランクリン自伝』は日本でも早くから紹介されており、明治期の日本の英語学習者の必読書で、夏目漱石の『坊つちゃん』にも登場する。原書刊行は死後の一七九三年、以来、多くの人々の人生に指針を与え、アメリカで無数に刊行されてきた経営書やビジネス書の元祖として不動の地位を保ってきた。

索　引

●ア　行

●カ　行

●サ　行

●タ　行

●ナ　行

●ハ　行

●マ　行

●ヤ　行

●ラ　行

【著者略歴】

犬飼裕一（いぬかい・ゆういち）

1968年、愛知県生まれ。早稲田大学大学院文学研究科博士課程修了。北海学園大学経済学部教授を経て、日本大学文理学部教授。社会学理論、歴史社会学、知識社会学、日本文化論。『マックス・ウェーバーにおける歴史科学の展開』（ミネルヴァ書房、2007年）（2008年度日本社会学史学会奨励賞受賞）、『マックス・ウェーバー　普遍史と歴史社会学』（梓出版社、2009年）、『方法論的個人主義の行方　自己言及社会』（勁草書房、2011年）、『和辻哲郎の社会学』（八千代出版、2016年）ほか。

歴史にこだわる社会学

二〇一八年十月二十六日　第一版一刷発行

著　者—犬 飼 裕 一
発行者—森口恵美子
発行所—八千代出版株式会社
東京都千代田区神田三崎町二-二-一三
ＴＥＬ　〇三-三二六二-〇四二〇
ＦＡＸ　〇三-三二三七-〇七二三
振　替　〇〇一九〇-四-一六八〇六〇
印刷所—壮光舎印刷（株）
製本所—（株）グリーン

＊定価はカバーに表示してあります。
＊落丁・乱丁本はお取り替えいたします。

ISBN978-4-8429-1733-7